JN321493

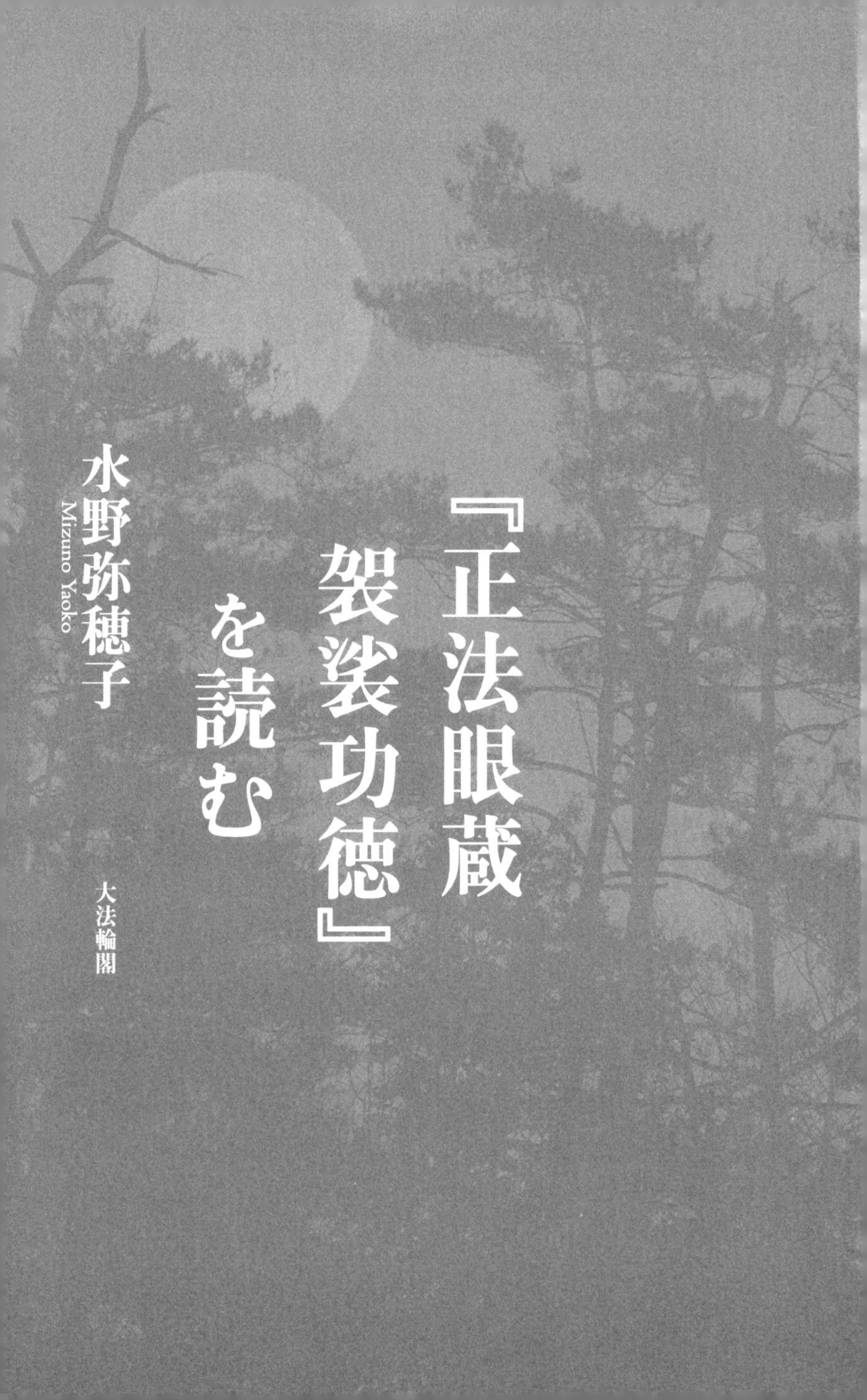

『正法眼蔵袈裟功徳』を読む

水野弥穂子
Mizuno Yaoko

大法輪閣

袈裟について解説する澤木興道老師

目次

序　正伝の袈裟を求めて

正法眼蔵第三　袈裟功徳

装丁…清水良洋（Malpu Design）

序　正伝の袈裟を求めて

一　『正法眼蔵』と袈裟

道元禅師の『正法眼蔵《しょうぼうげんぞう》』は難解をもって知られる。しかも、難解を恐れず、一度でもその原文に触れた人は、二度と手離すことができないほど、その文章の魅力のとりことなる。それは、経文《きょうもん》や、祖師《そし》の悟道《ごどう》の機縁を記す漢文の部分があるにせよ、まぎれもない日本人のための日本語で書かれているからである。

この美しい文字が、何故、日本人の救いとならないのか。近世の中期以後に現われた眼蔵家《げんぞうか》といわれる人々は、面山瑞方《めんざんずいほう》でも西有穆山《にしありぼくざん》禅師でも、人並みすぐれた資質を持ち、なおかつ人並みをはるかに越える勉学と修行の時を経て、その地位に至っている。それだけの資質と、それだけの修行力がなければ『正法眼蔵』はわれわれ日本人の心の糧《かて》にならないのか。『正法眼蔵』を読み、その研究の歴史を知れば知るほど、この嘆きは大きくなるばかりである。

そのような悩みを抱きながら、一般に流布《るふ》している九十五巻の順序で『正法眼蔵』を読んでゆくと、第十二と第十三に「袈裟功徳《けさくどく》」巻と「伝衣《でんえ》」巻とがある。この両巻は、いずれも仁治《にんじ》元年（一二四〇）開冬日（十月一日）の示衆《じしゅ》と奥書にある。一日に二巻の示衆があったように思われるが、実は「伝衣」巻が仁治元年の示衆で、その後、興聖寺《こうしょうじ》を引き払って、永平寺に行かれた後、道元禅師が「伝衣」巻を増補し、書き直されたのが「袈裟功徳」巻なのである。

ここには「世尊《せそん》の皮肉骨髄《ひにくこつずい》いまに正伝《しょうでん》するといふは袈裟なり」「仏身なり、仏心なり」「この衣を伝持《でんじ》し頂戴《ちょうだい》する衆生《しゅじょう》、かならず二三生《しょう》のあひだに得道《とくどう》せり」とある。

お釈迦様といえば、われわれとはかけ離れた万徳円満《まんとくえんまん》の御方、仏というのはわれわれが悟ってはじめてなれる境涯、ただただ仰ぎ拝み、いつか悟りの境地に至ってはじめて到達できる存在であると思っているのが一般である。ところが、『正法眼蔵』の秘密、仏法の極意は、その考えを改めるところにある。

仏と衆生とは本来別物ではない——と言っても、まだ他人事のようだから言い直せば、自己以外に仏を求めるところはない。これが大乗仏教至極《しごく》の説なのである。それでは、仏と同じはずのわれわれが、どうしてこんなにお粗末なのか。それは、人間根性でこの仏を扱って生きているからである。いっぺん人間根性を棚上げして、この仏の生命を生きるなら、いつでもわれわれが本来仏であったことを実証できる。その実証が、袈裟をかけて坐禅する姿なのである。

われわれは、今ここに、授かっている皮肉骨髄のほかの何をもってしても、仏道修行をすることはできない。この皮肉骨髄こそが、仏道修行のもとでである。その証拠に、教えの通りに行ずれば、仏の通りの坐禅ができる。著衣喫飯《じゃくえきっぱん》、洗面洗浄、すべて世尊在世と同じことができるのである。そこに気がついて、生涯を仏作仏行《ぶっさぶつぎょう》で生きる時、これを覚者といい、「皮肉骨髄を単伝した」というのである。そういう、自己が仏であることの証明として袈裟があるのであった。

　これを用著《ようじゃ》する、すなはち三世《さんぜ》の諸仏の皮肉骨髄を正伝《しょうでん》せるなり、正法眼蔵を正伝せるなり。

正法眼蔵の正伝とは、実はこういうことであった。

道元禅師の仏法に参じようとするなら、とにかく、道元禅師の言葉を信用してみるほかはない。正法眼蔵の正伝があるというなら、その正しいお袈裟、仏祖正伝のお袈裟をかけてみようではないか。これが私の三十年前の発足であった。

その正しいお袈裟は、この世にあるのだろうか。それが、あったのである。

二　正伝袈裟の裁縫

澤木興道《さわきこうどう》老師の一代を述べた『禅に生きる』という本の中に、北村里子という人が、自分の着物をほどいて染めて、お袈裟にしたという話があった。宗門の事情に疎《うと》かった私は、当時、どうやって澤木老師にめぐり会えるかというすべさえ知らなかった。ただ闇雲《やみくも》に、「『正法眼蔵』にあるようなお袈裟を教えてくれるところはありませんか」と尋ね回っているうちに、愛知県津島市で橋本恵光《えこう》老師に出会うことができて、そのお弟子の吉田恵俊尼《えしゅんに》のところでお袈裟を縫う縁に恵まれた。

橋本恵光老師は伊豆の修禅寺で澤木興道老師の袈裟の研究に随喜《ずいき》し、澤木老師を自坊の雲居寺に請じて『法服格正《ほうぶくかくしょう》』の講筵《こうえん》を開くなど、生涯を通じて正伝の袈裟への帰依は特にあつい方であった。また、橋本老師は行持《ぎょうじ》綿密をもって知られた方で、一進一退も仏祖の法に依る修行を説かれ、かつ実行しておられた。当時、全く初心の私のどんな質問にも、必ず道元禅師の言葉を引いて懇切に説明してくださった。私はそれによって、道元禅師の説かれたことは、現代の日本人がそのまま行じることのできるものであることを知ったのであった。それで、もともとは『正法眼蔵』を読みたいばかりに、いわばその手段としての袈裟に目をつけた私であったが、袈裟をかけるには受戒して仏弟子となって、授衣作法《じゅえさほう》という儀式を受けなければならないと言われれば、その通りに受戒することにした。

その儀式は、道元禅師の残された『仏祖正伝菩薩戒作法』にすべてのやり方が説かれていて、今の世に全くその通りに行なうことができることを、まのあたり見せていただいたのであった。老師の教えに従って、五条衣《ごじょうえ》（絡子《らくす》）を受け、七条衣《しちじょう》を受け、九条衣《くじょう》を受け、仏弟子の正式の食事のための応量器《おうりょうき》を、一回ごと作法に従って授けていただくうちに、お寺さんのことなど何も知らなかった私が、いつのまにか道元禅師の教えのまっただ中に入りこんでしまった。

その後、ようやく、東京で開かれる澤木老師の眼蔵会《げんぞうえ》や参禅会に参加することができるようになり、「伝衣《でんえ》」巻や『法服格正』の提唱を聞くことができるようになった。

澤木老師は人も知る寺持たず、家庭持たず、ただ坐禅ひとすじに人々に坐禅をすすめて過ごされた方であるが、「坐禅宗」と言わずに、「わしの宗旨は袈裟宗じゃ」と言っておられた。老師についた人は二十年、三十年の久参《きゅうさん》が多く、お袈裟を縫う人もおられたが、何と言っても戦後の物のない時ではあり、老師が一所不住の方であったから、授戒をお願いしてお袈裟をかけるということも、なかなかむずかしいようであった。

私は橋本老師のところで仏弟子の持つべき三衣《さんね》をいただくことができたが、そのままではすぐ忘れてしまう。しかも、澤木老師の教えに従って熱心に坐禅する人も多勢知っていた。それを見るにつけても、せっかくならお袈裟をかけた坐禅ができるように、かけたいと思う人、縫いたいと思う人が、東京で気軽に縫えるように、ということで、当時熱心にお袈裟を縫っておられた中森芳心《ほうしん》さんと話し合って、お袈裟を縫う会を作ろうということになった。今、記録を見ると、昭和三十九年五月九日の土曜日に、中森さんと翁長《おなが》恭子さんと私と、三人で第一回の会を始めている。五月の眼蔵会の直後であった。この時は澤木老師はもう京都の安泰寺《あんたいじ》に移られたあとで、眼蔵会の講師は酒井得元《さかいとくげん》老師になっていた。それで、澤木老師に会の名前を頂戴したいと、中森さんを通じてお願いしたところ、「福田会」という名前をくださった。眼蔵会にならって、「フクデンエ」と読むべきなのかもしれないが、「フクデンカイ」と言い習わして今に至っている。それから、中森さんが袈裟の縫い方を習った山田しのぶさん（故人）や、老師のお弟子の笠井浄心尼（同じく故人）も参加してくださって、毎回人が集まるようになり、会場も私や中森さんの家のほか、小山しづさん（故人）、鈴木スミさんのお宅を回り持ちでやっていた。

昭和四十年十二月、澤木老師は遷化《せんげ》されたが、東京では酒井老師を中心に熱心に坐禅する人があり、その人々がみんな袈裟を縫って授戒をお願いするようになった。そして、「袈裟功徳」巻を酒井老師に講義していただくようになって、会場も私宅に定着した。しかし中森さんは、別に御自宅で鈴木スミさんやその他の方々と福田会をずっと続けられた。私宅の福田会は、私の病気で中断したこともあるが、とにかく、お袈裟を縫いたいという人があれば、一人でも二人でも、福田会を開くことにしてきた。この会は、ひたすら教えの通り縫うだけである。非力の私のごときは、ただ道元禅師の「第三生《しょう》に得道す」のお言葉を信じ、在家が袈裟を受持《じゅじ》するのは「大乗最極《さいごく》の秘訣」と言われるのに励まされて、ただお袈裟を縫われる方々のお相手をしてきただけである。

こうして初めてお袈裟を求めてからの三十年を振り返ってみると、宗門のことなど何も知らなかった私が、いつのまにか『正法眼蔵』のまっただ中に身を置いていた。全くそれは申し訳ないようなことであるが、『正法眼蔵』がこれでもかこれでもかと押し寄せてくる。それはただただ、『正法眼蔵』を読むことに絶望し、回り道のつもりで袈裟を求めた、ただそれだけのことの結果であった。また、この二十年余、一緒にお袈裟を縫った方々を見ていると、必ずそれぞれ、その人に最もふさわしい道が開けているのがわかる。お袈裟にかかわった方は、必ずその正法への道が開かれている。
蓮華色比丘尼《れんげしきびくに》本生譚《ほんしょうたん》を説かれた後に、
いま戯笑《けしょう》のため袈裟を著《じゃく》せる、なほこれ三生に得道す。いはんや無上菩提のために清浄《しょうじょう》の信心をおこして袈裟を著せん、その功徳、成就せざらめやは。

と言われた道元禅師のお言葉に、嘘いつわりのないことを、まのあたりに見せられたのである。

三　道元禅師のお袈裟

道元禅師の言われる正伝《しょうでん》の袈裟とは、どういうものを言うのであろうか。

これについては江戸時代に徳巌養存《とくがんようぞん》の『仏祖袈裟考』（元禄十六、一七〇三）、鳳潭《ほうたん》の『仏門衣《ぶつもんえ》服正儀編《ぶくしょうぎへん》』（享保十一、一七二六）、道光の『繒衣光儀《そうえこうぎ》』（宝暦十二、一七六二）、祖道の『法服正儀図会略釈』（明和三、一七六六）等の研究があって、真面目に仏祖の道を学ぼうとする人は必ず袈裟の探究に辿り着いていることを知るのである。

正法律《しょうぼうりつ》の開祖慈雲尊者飲光《じうんそんじゃおんこう》（一七一八―一八〇四）は、『仏門衣服正儀編評釈』（寛延三、一七五

〇）、『方服図儀』（寛延四、一七五一）、『有部衣相略要』（宝暦八、一七五八）等を著わし、律学の方面から深く袈裟を研究するとともに、実際に千衣の袈裟を弟子たちに縫わせたといわれる。

こういう袈裟の研究のもとになったのは、鎌倉時代から日本に伝わっていた元照（一〇四八—一一一六）の『仏制比丘六物図《ぶっせいびくろくもつず》』であった。これらの先行の書を踏まえて、黙室良要《もくしつりょうよう》禅師の『法服格正』（文政四、一八二一）が著わされた。『法服格正』の本文および由来等については、川口高風師の『法服格正の研究』（昭和五十一、第一書房）に詳しい考証があるが、それによると、この書は玄透即中《げんとうそくちゅう》禅師や卍山道白《まんざんどうはく》禅師を中心に行なわれた古規《こき》復古運動の一環として、撰述されたものである。

そして黙室禅師から月潭全龍《げったんぜんりゅう》に、月潭から西有穆山《にしありぼくざん》禅師にと、眼蔵家の間に伝わり、講筵が張られたのである。

黙室禅師の親筆本は現在も愛知県の普門寺にあり、明治二十九年（一八九六）西有禅師によって『洞上法服格正《とうじょうほうぶくかくしょう》』が校閲、刊行され、昭和六年（一九三一）には澤木老師の提唱のための講本として名古屋の奉安殿護国院から刊行され、後、何回か澤木老師、橋本老師により『法服格正』が印刷されている。

澤木老師は、新潟県小出《こいで》の尼僧堂で『法服格正』の講義をされるたびに、如法《にょほう》の色に染めた紬《つむぎ》の衣財《えざい》を尼僧の一人一人に与えて裁縫をさせておいでになった。京都の安泰寺に移られてからは、尼僧の方々が小出から安泰寺に来て、老師の提唱を聞き、同じように衣財をいただいて裁縫したのであった。私は昭和三十八年の御提唱を聞くことができた。

しかし『法服格正』は大変むずかしいもので、老師が丁寧に説いてくださっても、それによって裁縫するということは至難のわざというほかはないものである。ただ道元禅師の衣法一《えほういち》如《にょ》の教えに深く参入した老師の袈裟に対する信仰が伝わってきて、どうしてもこういうお袈裟を教えの通りに縫わなければならないという思いが増すばかりであった。そして、安泰寺では、久《きゅう》馬《ま》慧《え》忠《ちゅう》師や笠井浄心尼が実際の裁縫の指導に当たり、提唱の時間のほかは時の経つのを惜しんで把針《はしん》に励んだのであった。

四 「袈裟功徳」巻の示すもの

このように、『法服格正』の方から見てゆくと、釈尊の袈裟がどんなものであったか、大変むずかしく、依拠する律文によってそれぞれ全く同じということはない。ところが、道元禅師

は、

おほよそ仏々祖々相伝の袈裟の功徳、あきらかにして信受しやすし。正伝まさしく相承せり。本様またのあたりつたはれり、いまに現在せり。

と言っておられる。正伝の袈裟は道元禅師の時まで仏祖が正伝して伝えておられるのだから、むずかしいものではないと言われるのである。室町以来の戦乱の時代を通って江戸時代に至った時、正伝の袈裟はどんなものであったかを知ろうとすれば、律文に学ぶよりほかはなかった。律学は、道宣《どうせん》以来の厖大な文献を持っている。それらを渉猟して釈尊時代の袈裟に到達することは、容易ではない。『法服格正』にしても、黙室良要禅師が豪潮《ごうちょう》律師の教えを乞い、また元照の『仏制比丘六物図』を参考にしたため、道元禅師の本意にそわない道宣の説が、混入するということも起こっている。

道元禅師の場合は、如浄《にょじょう》禅師のもとで、正伝の袈裟を見ておられるのであり、帰国に際しては、芙蓉道楷《ふようどうかい》禅師のお袈裟を授けられているのである。「正伝の袈裟とはどのようなものか」と問われれば、「これである」と目の前に出して見せることのできる物であった。これが、「あきらかにして信受しやすし」というお言葉の意味である。

そして道元禅師は、永平寺に行かれてから、山城《やましろ》の生蓮房《しょうれんぼう》の妻室が潔斎《けっさい》して織り上げた衣財《えざい》

「法衣相伝書」（部分、熊本・広福寺蔵）

傳附
相傳衣一領　紹隆長老
納袈裟裏
右件法衣者　永平開山初祖之
袈裟也其地者細布也　初祖之在
俗弟子中有山城國生蓮房之
彼妻室於初祖信心無貳自精
進潔齋而調織選持參於叢林
永平寺所奉供養也　初祖感信心
無貳志自裁縫而尋常着用
終寶治貳年之夏縫袈裟裏
而細之建長五年癸丑七月以
永平之住持職被付二代和尚

を自ら裁縫して一生かけられた。そのことは熊本県広福寺に残る「法衣相伝書」に明らかである。道元禅師の会下《えか》では、正伝の袈裟は「この通り縫えばいいのだ」という具体的な実物があったのである。「袈裟功徳」巻には『有部《うぶ》百一《ひゃくいち》羯磨《こんま》』の本文を引いて、袈裟の寸法のとり方があげてある。この条は、袈裟の裁縫を法衣店に任せている間は何の変哲もない律文の引用であるが、実際に、

　しかあればすなはち、仏祖正伝の作袈裟の法によりて作法すべし。ひとりこれ正伝なるがゆゑに。

という道元禅師のお言葉のままに袈裟を縫おうとする時には、素晴らしい典拠となる。律学者のように学問をして、文字の上から到達

した袈裟ではない。道元禅師のところでは、正伝の袈裟は、まのあたり存在していたのである。その上で、律文の中でどれが最も正伝の袈裟に近いかと考えて、『百一羯磨』の一文が引かれたのである。道元禅師は出家の当初、一大蔵経を読破している人である。必要があればどんなに多くの引用でもできるのである。その道元禅師が、ただ一つの文献を「袈裟功徳」の中に引いておられるのは、これこそが正伝の袈裟の「本様」を伝えたものと見なされたからなのである。

いったい、『正法眼蔵』の中でも、「袈裟功徳」「伝衣」巻は、他の巻に比べて難解な巻ではない。しかし、この巻は現実に正伝の袈裟を裁縫して、仏祖正伝の修行が実現することを説いているのである。「法衣十勝利」(一五五頁参照)について、

この十勝利、ひろく仏道のもろ〳〵の功徳を具足せり。長行偈頌《じょうごうげじゅ》にあらゆる功徳、あきらかに参学すべし。披閲《ひえつ》してすみやかにさしおくことなかれ。句々にむかひて久参すべし。

とあるように、読んでわかるからといって、それですむものではない。「披閲してさしおくことなかれ」「句々にむかひて久参すべし」である。

私は昭和四十四年、『日本の仏教思想2　道元集』に「袈裟功徳」巻を収録して以来、愛知

県の海善寺で、南伊豆子浦の海蔵寺で、東京・武蔵境の観音院で、お袈裟を縫う方々のために「袈裟功徳」巻の講義をする機会を得た。特に観音院では、袈裟を把針《はしん》する方々と一緒に、三年がかりでゆっくり「袈裟功徳」を読むことができた。そうしているうちに、従来言われ、縫われてきたところと、「袈裟功徳」巻に説かれていることとの関係が、具体的に明らかになってきた。「袈裟功徳」巻は、道元禅師が「伝衣」巻から出発して、正伝の袈裟の真実とその体《たい》・色《しき》・量《りょう》を説き尽くされている巻なのであった。

道元禅師の教えに参じ、坐禅の生活を続けようとする者にとって、この「袈裟功徳」巻はこよなき指針であり、繰り返し読まなければならない一巻だったのである。

正法眼蔵第三　袈裟功徳

一　仏々《ぶつぶつ》祖々《そそ》正伝《しょうでん》の衣法《えほう》

仏々祖々正伝の衣法、まさしく震旦国《しんだんこく》に正伝することは、嵩嶽《すうがく》の高祖のみなり。高祖は、釈迦牟尼仏より第二十八代の祖なり。西天《さいてん》二十八伝、嫡々《ちゃくちゃく》あひつたはれり。二十八祖、したしく震旦にいりて初祖たり。震旦国人五伝《しんだんこくじんごでん》して、曹渓《そうけい》にいたりて三十三代の祖なり、これを六祖と称ず。[1]第三十三代の祖大鑑禅師《だいかんぜんじ》、この衣法を黄梅山《おうばいざん》にして夜半に正伝し、一生《いっしょう》護持《ごじ》、いまなほ曹渓山宝林寺に安置せり。

諸代の帝王、あひつぎて内裡《だいり》に奉請《ぶしょう》し、供養礼拝《くようらいはい》す、神物護持《じんもつごじ》せるものなり。唐《とう》朝《ちょう》中宗・粛宗《しゅくそう》・代宗、しきりに帰内供養《きだいくよう》しき。奉請のとき、奉送《ぶそう》のとき、ことさら勅使をつかはし、詔《しょう》をたまふ。

代宗皇帝、あるとき仏衣を曹渓山におくりたてまつる詔にいはく、

[2]今、鎮国《ちんごく》大将軍劉崇景《りゅうすうけい》ヲシテ、頂戴シテ送ラシム。朕《ちん》、之ヲ国宝トス。卿《けい》、本寺ニ安置シ、僧衆《そうしゅ》ノ親シク宗旨《そうし》ヲ承《う》ケシ者ヲシテ厳シク守護ヲ加ヘ、遺墜《いつい》セシムルコト

ナカラシムベシ。

【訳】

仏から仏へ、祖師から祖師へ、まっすぐ伝えられた袈裟と法が、間違いなく中国に正伝《しょうでん》することは、嵩岳《すうがく》の高祖、菩提達磨大師《ぼだいだるまだいし》だけである。高祖は、釈迦牟尼仏から数えて第二十八代の祖師である。インドで二十八代、法の正統のあとつぎからあとつぎへと伝えられてきた。第二十八祖の達磨大師が、自ら中国に来られて、中国での第一祖となられた。中国で、その国の人が伝えて五代を経、曹渓山大鑑禅師《そうけいざんだいかん》（慧能《えのう》）に至って、この方が三十三代の祖師である。この方を六祖と申し上げる。第三十三代の祖大鑑禅師が、この袈裟と法を、黄梅山《おうばいざん》で、五祖大満《だいまん》禅師のところで夜半に正伝され、一生大切に身につけておいでになり、今なお曹渓山宝林寺に安置してある。

中国の歴代の帝王は、次々と宮中にお迎え申し上げ、供養し礼拝した。不思議な力のあるものが、守り続けているのである。唐代では第四代中宗、第七代粛宗《しゅくそう》、第八代代宗と、たびたび宮中にお迎えしては供養した。宝林寺からお迎え申し上げる時、また寺へお返し申し上げる時、特別に勅使を派遣し、詔《みことのり》をたまわった。

代宗皇帝がある時、この仏衣《ぶつえ》を曹渓山にお返し申し上げる詔には、次のように言われた。「今、鎮国大将軍劉崇景《りゅうすうけい》に命じて、このお袈裟を頭に戴かせて、お送り申し上げる。朕《ちん》は、この袈裟を国宝とする。卿《おんみ》（鎮国大将軍）は、この袈裟をもとの宝林寺に安置して、比丘僧《びくそう》たちで親しく教えの大切な意味を承《う》け伝えた者に厳重に守護させ、この袈裟の威信を落とすようなことのないようにさせなさい」

【注】

1　**第三十三代の祖大鑑禅師《だいかんぜんじ》、この衣法《えほう》を黄梅山《おうばいざん》にして……**　六祖は新州のきこりで学問のある人ではなかったが、客が『金剛経』をよむのを聞いて発心《ほっしん》し、老母をおいてついに五祖大満弘忍《だいまんこうにん》のもとに行った。五祖はその法器であるのを見ぬき、八ヵ月間米つき小屋で米をつかせた後、夜半ひそかに達磨正伝の袈裟と法とを伝えた。この時、五祖は、「これまで人々の信を表するため袈裟と法と両方を伝えたが、袈裟は争いの種になるから以後は伝えるな」と言ったので、この袈裟は六祖のいた曹渓山宝林寺にとどめられ、法はひろく天下に行なわれるようになった（景《けい》徳伝灯録《とくでんとうろく》三）。

2　**今、鎮国大将軍劉崇景《りゅうすうけい》ヲシテ……**　『伝灯録』五、慧能章に見える。上元元年（七六〇）、粛宗《しゅくそう》は使を宝林寺に遣わして六祖の衣鉢《えはつ》を内裏《だいり》に請じて供養したが、そのままになっていたらしい。永泰元年（七六五）、代宗の夢に六祖が現われて衣鉢《えはつ》を求めた。そこで代宗は刺史《しし》の楊瑊《ようかん》に勅して、この詔を発したとある。道元禅師は夢の話は略して、その勅書だけを掲げたのである。

【解】

「袈裟功徳」一巻を説くに当たって、冒頭に達磨大師の袈裟が六祖慧能《えのう》に正伝したことを述べ、道元禅師入宋《にっそう》の当時も、曹渓山《そうけいざん》に存在することを言う。五祖の法が袈裟とともに、神秀《じんしゅう》にではなく、文字を習うことがなかった慧能に伝わったことは、道元禅師が「ひそかに衣法を慧能行者《あんじゃ》に附属《ふぞく》する、不群の行持なり。衣法を神秀にしらせず、慧能に附属するゆゑに正法の寿命不断なるなり」（行持下《ぎょうじ》）と讃嘆している。

その六祖の袈裟を、当時の世界の超先進大国である唐の皇帝が、皇帝としての最高の敬意をもって内裏に送迎していた記録に、道元禅師は感動しているのである。

道元禅師は、関白基房《もとふさ》の女《むすめ》を母として生まれている。父は久我通親《こがみちちか》（一一四九—一二〇二）またはその子通具《みちとも》（一一六六—一二二七）ともいわれる。平安、鎌倉の貴族の社会では、娘は父の家で養われ、そこへ然《しか》るべき男性が通って婿になるという形であったから、母ははっきりしていても、父はこのように両説の出る場合がありうるのである。とにかく、幼名文殊丸といわれたという道元禅師は、関白の孫として養育されたのである。

関白というのは、今でこそ亭主関白ぐらいの使われ方しかないが、王朝政治の中では、天皇以上の実力を持っていたのであり、しかも藤原氏の独占であった。後に豊臣秀吉が、源氏の出身でないため征夷《せいい》大将軍になれなかったが、藤原氏の子孫ということで、関白になって大満足したのもこういう歴史があるからである。

道元禅師の母の父であった基房は、兄基実《もとざね》が二十四歳で亡くなったあとを継いで関白になったが、基実の残された妻は平清盛の女《むすめ》の盛子であった。その関係で、基房は平家に憎まれ、基房が関白として参内《さんだい》する行列を平家の侍に襲われ、従者の髻《もとどり》を切られるという恥辱を受ける。『平家物語』で「殿下《てんが》の乗合《のりあい》」といわれる有名な話の主人公である。

治承三年（一一七九）、三十六歳の時、清盛の策謀により関白を罷《や》めさせられ、太宰権帥《だざいのごんのそつ》として九州に左遷されたが、河尻で出家してようやく備前国にとどまることを得、治承五年、京都に帰ることを許された。こういうわけで、平家は基房にとって恨み重なる相手であった。

だから、それを追い落としてくれた木曽義仲と早速に手を結び、十二歳の師家《もろいえ》を関白に立て、自らは太閤として政界に君臨するつもりだった。しかし、義仲が半年で京都を追われ、粟津ヶ原の露と消えたあとは、またまた失脚の不運に遭い、関白職は弟の藤原基通に行ってしまう。基房は歴代藤原関白の中でも特に不運の人であったが、出家後も、安徳帝が西海に沈んだ後の後鳥羽朝廷において、なおかつ重きをなした人物であった。この基房が、度重なる不運の果てに政界復帰の最後の夢を託したのが、後に道元禅師になる孫の文殊丸であった。父は久我通親にせよ、通具にせよ、源氏の人であるから、その子も源氏である。それを敢《あえ》て猶子《ゆうし》（養子）としたのは、この発明な子供の生長を待って、関白の座につかせれば、基房の松殿家はもう一度政界の主流に立つことができる。基房の実力をもってすれば、不器量人といわれた師家《もろいえ》でさえ、関白にすることができたのである。

そういうわけで、基房はこの資質すぐれた孫に、将来、関白として政界に出てひけを取らない、第一級の政治家になるための教育を施した。道元禅師が三歳で『李嶠雑詠《りきょうざつえい》』を読み、『文《もん》選《ぜん》』の教養があり、少年の時、紀伝道《きでんどう》という中国の歴史の学問を修めたというのも、そのためである。少年の道元禅師の前には、関白の家柄でなくてはなれない関白という地位が、相当の確率をもって約束されていたのである。基房のもとで元服すれば、直ちに、最も有望な政治家コースが待ちかまえていたのである。それを振り切って、母の死を契機に、仏道へと心を向け、十四歳で出家してしまう。基房はこの時、三たび、政権奪回のチャンスを逸したのである。

こういうわけであるから、道元禅師の出家は、親に死なれて将来の希望をなくした上の出家ではない。関白という赫々《かくかく》たる将来を約束されていながら、それを振り捨てての出家であった。父、母、祖父と、政界の最高のレベルにいた人々の中で、政治では世の中を救い得ないことを身をもって知っていたのであろう。道元禅師の出家は、だから、転輪聖王《てんりんじょうおう》という世界統一の王位を捨てて出家したゴータマシッダールタの場合に匹敵するものであった。少年の時、最高の為政者として受けた教育は、後の道元禅師の中で、国家的、朝廷レベルの観点をしばしばとらせている。中国の唐という王朝が、いかに素晴らしい文化を持っていたか、そこに君臨する皇帝は、日本の天皇とは比べものにならない権力を持っていた。そのことを道元禅師は知っていた。だから、その輝かしい唐王朝の天子が詔を発し、軍隊に守護させてまで六祖の法衣を宮廷に迎え、礼拝し供養したことの意味を、目を見張る思いで読み取ったのである。「袈裟功徳」の最初に、六祖までの伝衣の次第が説かれ、その正伝の袈裟が、大中国において最高の敬われ方をしていたことを言わなければならなかったのである。

まことに無量恒河沙《むりょうごうがしゃ》の[1]三千大千世界を統領せんよりも、仏衣現在《ぶつえげんざい》の小国に王としてこれを見聞供養《けんもんくよう》したてまつらんは、生死《しょうじ》のなかの善生《ぜんしょう》、最勝の生《しょう》なるべし。仏化《ぶっけ》の

およぶところ、三千界いづれのところか袈裟なからん。しかありといへども、嫡々《ちゃくちゃく》面授《めんじゅ》して仏袈裟《ぶつけさ》を正伝せるは、ただひとり嵩嶽の曩祖《どうそ》のみなり、旁出《ぼうしゅつ》は仏袈裟をさづけられず。二十七祖の旁出、[2]跋陀婆羅菩薩《ばつだばらぼさつ》の伝、まさに[3]肇法師《じょうほっし》におよぶといへども、仏袈裟の正伝なし。震旦の四祖大師、また[4]牛頭山《ごずせん》の法融《ほうゆう》禅師をわたすといへども、仏袈裟を正伝せず。

しかあればすなはち、正嫡《しょうちゃく》の相承《そうじょう》なしといへども、如来の正法その功徳むなしからず、千古万古みな利益広大《りやくこうだい》なり。正嫡相承せらんは、相承なきとひとしかるべからず。しかあればすなはち、人天《にんでん》もし袈裟を受持《じゅじ》せんは、仏祖相伝の正伝を伝受すべし。印度震旦《いんどしんだん》、[5]正法像法《しょうぼうぞうぼう》のときは、在家なほ袈裟を受持す。いま遠方辺土《おんぼうへんど》の澆季《ぎょうき》には、剃除鬚髪《ていじょしゅほつ》して仏弟子と称ずる、袈裟を受持せず、いまだ受持すべきと信ぜず、しらず、あきらめず、かなしむべし。いはんや体《たい》・色《しき》・量《りょう》をしらんや、いはんや著用《じゃくよう》の法をしらんや。

【訳】

まことに、無量のガンジス川の砂の数ほどの三千大千世界を統《す》べ治めるよりも、仏袈裟が現に存在する小国において、王としてこれを見聞し、御供養申し上げることは、この世に生まれて死にゆく存在の中で最もめぐまれた生涯であり、最高にすぐれた生涯であろう。一仏の化導《けどう》のゆき至る範囲は三千界であるが、その広い世界のどこといって袈裟のないところがあろう。そうではあるが、法の正統のあとつぎからあとつぎへ、まのあたり親しく授けられた仏袈裟を正伝しているのは、ただひとり、嵩岳《すうがく》の初祖、達磨大師ばかりである。傍系者には、仏袈裟を授けられることがない。達磨大師の師、第二十七祖般若多羅《はんにゃたら》尊者の傍系に仏駄跋陀羅《ぶっだばっだら》菩薩があり、その法は肇法師《じょうほっし》にまで伝わっているが、仏袈裟の正伝はない。中国で四祖大医道信《だいいどうしん》禅師が、また牛頭山《ごずせん》の法融《ほうゆう》禅師を済度されたが、仏袈裟は正伝しない。

ということであってみると、正統のあとつぎとしての受け伝えがなくても、如来の正法としての袈裟は、その功徳力がないということはない。千古万古、すべて利益《りやく》は広大である。しかしまた、正統のあとつぎとして受け伝えられているということは、その受け伝えのないのと全く同じではないのである。

こういうことであるから、人間界・天上界の人で、もし袈裟を受けて身につけるなら、仏祖から仏祖へ伝えられた正伝の袈裟を伝えて身につけるべきである。インドでも中国でも、正《しょう》法《ぼう》・像法《ぞうぼう》の時代は、在家もやはり袈裟を受けて身につけた。現在、仏生国から遠くへだたったはずれの日本でしかも仏法の影のうすくなった時代には、髪をおろして仏弟子となったと自称する僧たちが、袈裟を受けて身につけることをしない、袈裟は受けて身につけるべきものとも信じていない、知ってもいない、その真実をはっきりさせてもいない。かなしむべきことである。ましてや、袈裟の財体、袈裟の色、袈裟の寸法を知ろうか。ましてや身につける作法を知ろうか。

【注】

1 三千大千世界　小世界を千合わせたのが中千世界、中千世界を千合わせたのが大千世界。その三種の世界を合わせて三千大千世界と呼ぶ。一仏の化導《けどう》の及ぶ範囲。

2 跋陀婆羅菩薩《ばつだばらぼさつ》　仏駄跋陀羅《ぶつだばつだら》が正しい。般若多羅の正嫡《しょうちゃく》は菩提達磨であるが、仏大仙も般若多羅に参じており、仏大仙の法嗣《はっす》が肇法師《じょうほっし》であるので傍出という。

3 肇法師《じょうほっし》　羅什《らじゅう》に従って長安に来たり、訳経事業を助けた。羅什門下理解第一といわれた。『宝蔵論』『肇論』の著がある。三八四―四一四。

4 牛頭山《ごずせん》の法融《ほうゆう》禅師　牛頭禅として六代まで法灯が伝わった。

5 正法像法《しょうぼうぞうぼう》　釈尊入滅の後、教えと修行と証《さとり》のある時代を正法、教えと修行はあっても証のない時代を像法、教えはあっても修行と証の全くない時代を末法という。正法千年、像法千年とも、正法五百年、像法五百年ともいわれる。

【解】

前段に述べたように、道元禅師には国家的、国王級的の視野がある。日本が、どんな国であったら一番しあわせなのか。これを道元禅師は考えておられた。だから、「仏衣現在《ぶつえ》」の国、中国は、実にうらやましい国であり、その国の帝王であることは「生死《しょうじ》のなかの善生《ぜんしょう》、最勝の生」ということになる。「仏衣現在の小国」と言っている「小国」は、大中国のことである。しかし、これは世界地図で大小を言っているのではない。仏生国《ぶっしょうこく》であるインドを世界の中心にある大国として言っているのである。当時の日本から見て先進超大国の唐の天子が、天子としての儀式をととのえて仏袈裟を敬ったのである。それが「生死のなかの善生、最勝の生」という「修証義《しゅしょうぎ》」でなじみ深い言葉は、もとは仏衣の見聞供養に対して言われたものなのである。

「三千界いづれのところか袈裟なからん」——袈裟の形は実にさまざまな形をとっている。すべてが正伝の袈裟のままであるはずがない。しかし、袈裟は仏弟子の標幟《はたじるし》である。正伝の袈裟だけが袈裟なのではない。どんな形をとろうと、仏法のあるところ、袈裟がある。「如来の正法」(=袈裟)の功徳は空しくないのである。ただ「嫡々面授して仏袈裟を正伝」しているのは、達磨門下だけなのである。

「在家なほ袈裟を受持《じゅじ》す」――袈裟といえばお坊さんの衣裳と思い込んでいるのが普通であるが、袈裟は仏弟子のしるしであるから、仏弟子であればかけて当然である。それが仏生国のインド、そこから法が伝わった中国において、正法・像法というよき時代には、在家も袈裟をかけて修行したのである。但し、これは昔話を言っているのではない。修行のあるところに法があるというのが、道元禅師の教えである。在家が袈裟をかければ、正法・像法の世が実現するのである。

「体《たい》・色《しき》・量《りょう》」――袈裟の財体・色・寸法は、釈尊在世時代から一定のきまりがある。「著用《じゃくよう》の法」も、古式を伝えた仏像にも見られるようにはっきりしている。これは仏教が思想や哲学でなく、釈尊という具体的な一人の人間の生き方とともに、修行して伝えられたものであるから、このように具体的なのである。

二　袈裟はふるくより解脱服《げだっぷく》と称ず

袈裟はふるくより解脱服と称ず、業障《ごっしょう》[1]・煩悩障《ぼんのうしょう》・報障《ほうしょう》等、みな解脱すべきなり。龍もし一縷《る》をうれば三熱[2]をまぬかる、牛[3]もし一角にふるればその罪おのづから消滅す。諸仏成道《しょぶつじょうどう》のとき、かならず袈裟を着す。しるべし、最尊最上の功徳なりといふこと。

【訳】

袈裟は、ふるくから解脱服と称する。悪業《あくごう》による正道《しょうどう》のさまたげ、煩悩による正道のさまたげ、悪業の報いによる正道のさまたげなどは、みな解脱することができるのである。龍はもし袈裟の縷《いとすじ》一本でも手に入れると、三熱の苦をのがれる。牛がもしその角の一本に袈裟がふれると、その罪が自然に消滅する。諸仏が成道する時は、必ず袈裟をおつけになる。最尊最上の功徳であるということを、知るべきである。

【注】

1　業障《ごっしょう》・煩悩障・報障　三障という。正道の障《しょうどう》りとなり、善心を害するもので、業障《ごっしょう》は五逆十悪等、過去に起こした悪業《あくごう》が正道の障りとなる。煩悩障は貪《とん》・瞋《じん》・痴《ち》等の煩悩が正道の障りとなる。報障は、地獄・餓鬼・畜生等の苦の報いを受けることが正道の障りとなる。

2　三熱　龍は想像上の霊獣であるが、熱沙《ねっさ》・熱風にあうと身を焼かれる。悪風にあうと宝の飾りをつけた衣服が落ちる。鳥の仲間の王である金翅鳥《こんじちょう》王に食われるという三つの苦しみがある。特に金翅鳥の食を免れることについては、『海龍王経』巻四、金翅鳥王品に次の話がある。

四名の龍王が世尊に願い出た。「海中の諸龍は常に金翅鳥王に食われる怖れがあるので、安穏に日を送ることができません。なんとかお守りいただきたい」と。世尊はその時、召していた皂衣《くろげさ》を脱がれ、「これを諸《もろもろ》の龍たちに与えよ」と言われた。龍王としては、海中の龍は無数であるのに、このお袈裟は少なすぎると思って心配した。その時、世尊は龍王の気持ちを知って仰せられた。「たとい三千大千世界の中の人々が、皆この皂衣《くろげさ》をいただいても、尽きることはない。これはたとえば、虚空を、人々の思いのままにとっても、尽きることがないのと同じである」。海龍王はそこでこの皂衣をいただき、それぞれ眷属《けんぞく》に分かち与えたが、いくら分けても尽きることなく、袈裟は元のままであった。そして、お袈裟の縷《いとすじ》一本でも得た龍は、金翅鳥に食われることがなくなった。

3　牛もし一角にふるれば　比丘《びく》が托鉢していた時、暴走してきた牛が袈裟に触れて死んだ。牛はそれによって人に生まれ、仏に会って出家成道したという（『義楚六帖』二十二、奔牛暫触）。

【解】

「業障《ごっしょう》・煩悩障・報障」という過去の因縁によって、正道の修行がさまたげられるとしたら、われわれがいくら骨折って修行をしても何もならない。「本来本法性《ほんぽっしょう》天然《てんねん》自性身《じしょうしん》」と言いながら、三世の諸仏はなぜ三祇《さんぎ》百劫《ひゃっこう》の長い修行をしなければならないのか。こういう疑問を抱いて三井寺の長老に道をたずね、ついに入宋《にっそう》までした道元禅師にとって、次には、正道のさまたげとなるものが果たしてあるのか、それは除くことのできないものなのかが疑問となった。この疑問を、道元禅師は『宝慶記《ほうきょうき》』で七番目に質問している。

　拝問す、煩悩障、異熟障《いじゅくしょう》（報障のこと）、業障等の障は、仏祖の道処なりや。

これに対して如浄禅師は次のように答えている。

　龍樹等の祖師の説の如きは、須《すべか》らく保任すべきなり。異途の説有るべからず。但《ただ》し、業障に至りては、慇懃《おんごん》に修行する時、必ず転ずべし。

この答えは、三障は龍樹の『大智度論』にも見えることだから否定はできない。しかし、業障は、ねんごろに修行すれば変わってゆくと言っている。道元禅師は如浄禅師のもとで真の仏法を悟るのであるが、如浄禅師の方から見れば遠方の異邦人であり、すぐさまぴったり呼吸が合ったというものではないのが当然である。故秋重義治教授は『宝慶記』を分析して、両者が本当に気脈を通じるのは十七問以後だと言っておられるが、まさにその通りである。業障――誤った行為の結果は報障を得、誤った行為は煩悩障が原因である。この三つを切り離して考えることはできない。果たして『宝慶記』第十六問で、道元禅師はさらに、長沙と皓月供奉《こうげつぐぶ》との問答を引いて「業障」問題を取り上げる。

拝問す、長沙和尚と皓月供奉と、業障本来空の道理を問論す。道元疑うて云《いわ》く、もし業障空《くう》ならば、余の二の異熟障（報障）・煩悩障も亦《ま》た応《まさ》に空なるべきか。ひとり業障の空不空のみを論ずべからざるか。

況《いわん》や、皓月問ふ、「如何にあらんか是れ本来空」。

長沙云く、「業障是」。

皓月云く、「如何にあらんか是れ業障」。

長沙云く、「本来空是」。

今長沙の道《い》ふ所は是なりとせんや無《いな》や。仏法若し長沙の道の如くんば、何ぞ諸仏の出世、祖師の西来《せいらい》有らんや。

障りとなる業《ごう》（行為）があれば必ず報（結果）があり、業（行為）の原因は必ず煩悩による。この三つは切り離すことはできないのである。それを業だけ取り上げて、しかもすべては本来空であるということにしてしまうのでは修行の意味もなく、修行によって到達する悟りも意味がない。それでは三世諸仏の出世も、祖師（菩提達磨）の西来東土も無用である。何のために三世諸仏は三祇百大劫の修行をし、祖師は艱難《かんなん》を艱難とせず、中国まで来られたのか。

これに対する如浄禅師の答えは次の通りである。

長沙の道《どう》は終《つい》に不是なり。長沙は未だ三時業を明らめざるなり。

如浄禅師の答えは、因果の昧《くら》ますべからざる道理を説くことでは完璧であったが、三障からの解脱に関しては、まだ道元禅師を納得させるものではなかったと思われる。三障からの解脱は、袈裟の下にあっては、報障としての地獄の苦も救われるという『涅槃経』の説まで行き着かなければならなかったのである。袈裟が解脱服であることがはっきりした時、三障からの解脱の道が明らかになったのである。

「諸仏成道のとき、かならず袈裟を着す」——袈裟かけて修行するところに、諸仏の成道があるのである。

まことにわれら辺地にむまれて末法にあふ、うらむべしといへども、仏々嫡々相《ちゃくちゃくそう》承《じょう》の衣法《えほう》にあふたてまつる、いくそばくのよろこびとかせん。いづれの家門か、わが正伝のごとく釈尊の衣法ともに正伝せる。これにあふたてまつりて、たれか恭敬《くぎょう》供養《くよう》せざらん。たとひ一日に無量恒河沙《むりょうごうがしゃ》の身命《しんみょう》をすてても、供養したてまつるべし、なほ生々世々《しょうじょうせぜ》の値遇頂戴《ちぐちょうだい》、供養恭敬を発願《ほつがん》すべし。われら仏生国《ぶっしょうこく》をへだつること十万余里の山海《せんがい》はるかにして通じがたしといへども、宿善《しゅくぜん》のあひもよほすところ、山海に擁塞《ようそく》せられず、辺鄙《へんぴ》の愚蒙《ぐもう》きらはるることなし。この正法にあふたてまつり、あくまで日夜に修習《しゅじゅう》す、この袈裟を受持したてまつり、常恒《じょうごう》に頂戴護持《ちょうだいごじ》す。ただ一仏二仏のみもとにして功徳を修《しゅ》せるのみならんや、すでに恒河沙等《ごうがしゃとう》の諸仏のみもとにして、もろ〳〵の功徳を修習せるなるべし。たとひ自己なりといふとも、たふとぶべし、随《ずい》喜《き》すべし。祖師伝法《そしでんぼう》の深恩《じんのん》、ねんごろに報謝すべし。畜類《ちくるい》なほ恩を報ず、人類《にんるい》いかでか恩をしらざらん。もし恩をしらずは、畜類よりも愚なるべし。

【訳】

まことに、われわれが仏生国《ぶっしょうこく》インドから遠くはなれた地に生まれ、末法の世に生まれ合わせたことは、うらむべきことではあるが、仏から仏へ、法の正統なあとつぎによって伝え伝えられた袈裟と法にめぐり会い申し上げたことは、いかに多くの喜びとしようか。ほかのどの宗旨といって、わが禅門の正伝のように、釈尊の袈裟と法と両方を正伝している宗旨があろうか。これにめぐり会い申し上げて、誰といって敬恭《うやまい》をいたし、供養しない人があろうか。

よしんば一日に無量のガンジス川の砂の数ほどの身命をなげすてても、御供養申し上げるべきである。それればかりでなく、生まれかわり生まれかわるその世その世に、袈裟にめぐり会い、頭にいただいて、供養し、恭敬《うやまい》をいたそうという願《がん》をおこすべきである。

われわれの住んでいる所は仏生国インドからははるか十万余里の海山を隔て、道は通じもしないのであるが、前生からの善根の力が働いて、山や海にゆくてをふさがれることなく、辺鄙《へんぴ》の地の未開の者だといって差別されることもない。この仏の正法にめぐり会い申し上げ、こころゆくまで日夜に修行をしている。この袈裟を受けて身につけさせていただき、いつもいつも頭にいただき、大切に持っている。これはただ、一仏や二仏の御もとで功徳を修めたばかりではあるまい。すでにガンジス川の砂の数に等しい諸仏の御もとで、多くの功徳を修めに修めたおかげであろう。たとい自分であっても、尊ばなければならない、随喜しなければならない。祖師が法を伝えてくださった深い御恩は、心をこめて御恩報じをしなければならない。畜生でも、やはり御恩報じをする、人間と生まれて、どうして恩を知らずにいられよう。もし恩を知らないならば、畜生の仲間よりもおろかであろう。

【解】

「いづれの家門か、わが正伝のごとく釈尊の衣法ともに正伝せる」——釈迦牟尼仏のもとで修行した仏弟子たちは、釈尊がどんなお袈裟を着けて生涯を送られたか、知っている。仏の十大弟子たちがどんなお袈裟を着けて修行しておられたか、その弟子たちは目の前に見て知っている。そして師と同じ袈裟を着けて、同じ修行をしたのである。それが摩訶迦葉《まかかしょう》・阿難陀《あなんだ》・商《しょう》那和修《なわしゅ》・優婆毱多《うばきくた》以下二十七祖般若多羅《はんにゃたら》尊者に至り、二十八祖菩提達磨尊者は師と同じ袈裟をかけて中国に来たのである。達磨門下に仏袈裟が正伝したということはこういう事実であって、理論や推測ではないのである。

「畜類なほ恩を報ず」とは、亀を助けた結果、余不亭に封じられることになった晋の孔愉《こうゆ》の話。雀を助けたことから四代にわたって繁栄したという後漢の楊宝《ようほう》の話である。「四摂法《ししょうぼう》」巻にも「窮亀《きゅうき》をあはれみ、病雀をやしなふし」と言って引かれる。楊宝の話は『蒙求《もうぎゅう》』中に見える。孔愉の出典は『晋書』である。

この段は、正伝の袈裟にめぐり会えた喜びと感謝を表わしている。

三　この仏衣仏法の功徳

この仏衣仏法の功徳、その伝仏正法の祖師にあらざれば、余輩いまだあきらめず、しらず。諸仏のあとを欣求《ごんぐ》すべくは、まさにこれを欣楽《ごんぎょう》すべし。たとひ百千万代ののちも、この正伝を正伝とすべし。これ仏法なるべし、証験まさにあらたならん。

水を乳にいるるに相似すべからず、皇太子の帝位に即位するがごとし。かの合水《ごうすい》[1]の乳《にゅう》なりとも、乳をもちゐん時は、この乳のほかにさらに乳なからんには、これをもちゐるべし。たとひ水を合せずとも、あぶらをもちゐるべからず、うるしをもちゐるべからず、さけをもちゐるべからず。この正伝もまたかくのごとくならん。たとひ凡師の庸流《ようる》なりとも、正伝あらんは用乳のよろしきときなるべし。いはんや仏々祖々の正

伝は、皇太子の即位のごとくなるなり。俗なほいはく、「先王[2]の法服にあらざれば服せず」。仏子《ぶっし》いづくんぞ仏衣《ぶつえ》にあらざらんを著《じゃく》せん。

【訳】

この仏衣仏法の功徳―真実の意味―は、その仏正法を伝えた祖師でなければ、それ以外の人ははっきりさせたこともなく、知ってもいない。諸仏の行ないのあとかたを欣《ねが》い求めるならば、まさにこの正法の袈裟を欣《ねが》い楽《ねが》いなさい。たとい仏滅度から百千万代の後の世でも、この正伝された袈裟を正伝としなさい。これこそが仏法ということである。そのたしかな証験は、いつの世にも新しく実現するであろう。

『涅槃経』には牛乳に次から次へと水を入れてうすめられて売られる話があるが、正伝の袈裟が常に新しく作り得ることとは、そういう水増しの牛乳の話とは全く違うのである。皇太子は先帝がなくなると直ちに践祚《せんそ》するが、さらに即位式を行なって帝位につく。帝位についた以上は正真正銘の帝王となる（正伝の袈裟が新しく作られてかけられると、正真正銘の仏袈裟となる）。『涅槃経』にいう水増し水増しで本来の牛乳より水分の方が多い牛乳でも、牛乳で料理をしようとする時、そしてこんな水っぽい牛乳のほかに牛乳がない時には、この水増し牛乳を使ったらいいのである。たとい水は入っていないからといって、膏《あぶら》を使うわけにはいかない。漆《うるし》を料理に使うわけにはいかない。酒を使うわけにはいかない。この仏袈裟の正伝もこのようなものであろう。

そのお袈裟をかけているお坊さんが、特にすぐれたところもない普通のお坊さんであっても、師匠から正伝した正しい仏袈裟を伝えているというならば、水増し牛乳でも牛乳は牛乳であるから用いるように、ほかに人がいないなら、正法の師としてお袈裟をいただくのにちょうどよい時節ということであろう。ましてや仏々祖々が正伝されたお袈裟と法というのは、皇太子が即位して正真正銘の天子となるように、新しく作られた袈裟もまた正真正銘の仏袈裟となるのである。俗世の儒者も、「儒道で理想とする天子の定めた服でなければ身につけない」と言っている。仏弟子たるもの、どうして仏袈裟でないものを身につけよう。

【注】

1　**合水《ごうすい》の乳《にゅう》**　牧牛《うしかい》の女が、利益を多くするため、半分水を入れて他の牧牛の女に売り渡す。その女は、また半分水を入れて城の近くの女に売る。その女は、また半分の水を加えて城の中の女に売る。その女が、また半分水を入れて市場で売っていた。その時、息子に嫁を迎えた人が、その祝宴の客のために市場に来て乳をさがしていた。その値段は法外に高いものであった。しかしお客をもてなすには、この乳を求めるほかなかった。これを買って家に帰って糜《かゆ》を作ったが、乳の味はしなかった。それでも他の苦い味のものに比べれば千倍の味である。乳の味は、多くの味の中で最もすぐれているからである（『涅槃経』菩薩品第九）。

経典はこの話によって、仏滅後、世に『涅槃経』は広く流布しても、悪比丘が勝手な解釈をして正法の香りも味わいもなくなるのにたとえる。しかしそれでも『涅槃経』は諸経の中の最上であるとする。ここは、それを正伝の袈裟について言うのである。

2　先王の法服　『孝経』卿太夫章。

【解】

釈尊が召されたそのまま、仏弟子が召したそのままの袈裟が、仏袈裟として今伝わるということの意味である。釈尊や迦葉《かしょう》尊者のお袈裟は、二千五百年前のものであるから、残っているはずはない。しかし仏の定められた通りに、衣財《えざい》と色と寸法を守り、教えの通りに縫うところに、必ず仏衣《ぶつえ》は現成《げんじょう》するのである。百千万代の後といえども、仏袈裟の現成は必ず約束されている。仏在世の修行と、今日の仏弟子が袈裟かけてする修行と、全く変わりはないのである。

年代がたち、土地が変われば、仏袈裟も人間の勝手な解釈がついてくることもある。しかし大乗の教えが他と比べるものがないように、正伝の袈裟の功徳は他のものをもって換えることはできないのである。授けてくれた師匠がたとい凡師の庸流でも、仏袈裟正伝のところには正伝の仏法の命脈が流れている。

後漢孝明皇帝[1]、永平十年よりのち、西天《さいてん》東地に往還《おうげん》する出家在家、くびすをつぎてたえずといへども、西天にして仏々祖々正伝の祖師にあふといはず、如来より面授《めんじゅ》相承《そう》の系譜なし。ただ経論師にしたがうて、梵本の経教《きょうぎょう》を伝来せるなり。仏法正嫡《しょうちゃく》の祖師にあふといはず、仏袈裟相伝の祖師ありとかたらず。あきらかにしりぬ、仏法の閫奥《こんおう》にいらざりけりといふことを。かくのごときのひと、仏祖正伝のむね、あきらめざるなり。

釈迦牟尼如来、正法眼蔵無上菩提を、摩訶迦葉に附授しましますに、迦葉仏《かしょうぶつ》正伝の袈裟、ともに伝授しましますす。嫡々相承して曹渓山大鑑禅師にいたる、三十三代なり。その体・色・量、親伝せり。それよりのち、青原《せいげん》[2]・南嶽《なんがく》の法孫《ほっそん》、したしく伝法しきたり、祖宗《そそう》の法を搭《たっ》し、祖宗の法を製す。浣洗《かんせん》の法および受持《じゅじ》の法、その嫡々面授の堂奥《どうおう》に参学せざれば、しらざるところなり。

【訳】

後漢孝明皇帝の永平十年（西暦六七）、迦葉摩騰《かしょうまとう》と竺法蘭《じくほうらん》が王使に従って洛陽に来たり、『四十二章経』を訳出したのが仏法東漸《とうぜん》の始まりである。それ以後、インドと中国の間を往還《ゆきき》する出家在家があり、前の人の踵《かかと》を踏むくらいに頻繁な往来があったのであるが、誰一人としてインドで仏々祖々正伝の祖師に会ったとは言わない。また釈迦牟尼如来から直接、師と弟子が顔を合わせて法が受け伝えられたという系譜も持って来ていない。ただ、経や論の研究家について、サンスクリットで書かれた経の教えを伝えてきただけである。その人々はまた、仏法の正統なあとつぎである祖師に会ったとも言わない。インドには仏袈裟を相伝している祖師がいるとも語らない。実にはっきりわかることである、仏法の本当の奥深いところに入らなかったということなのである。このような人は、仏祖正伝の内容は、はっきりさせていないのである。

釈迦牟尼如来は、正法眼蔵無上菩提といわれるおさとりを摩訶迦葉尊者にお附授《さずけ》あそばされたが、その時同時に、迦葉仏から正伝された袈裟も一緒に伝授あそばされた。以後、直系の弟子から弟子へ受け伝えられて、曹渓山の大鑑慧能禅師に至った。その間は三十三代である。その財体と色と寸法はどうあるべきか、親しく伝わってきた。六祖慧能禅師以後、その高弟であった青原行思《せいげんぎょうし》、南嶽懐譲《なんがくえじょう》の法孫が親しく法を伝えると同時に袈裟を伝えてきた。祖宗の法と離れない袈裟をかけ、祖宗の法と二つでない袈裟を製《つく》ってきた。仏衣を浣洗《あら》う法、いただいて持っている時の作法、それは祖師の直系の弟子として、師と弟子が顔を合わせて授けてきた奥深いところに参学しなければ知ることはないのである。

【注】

1 **後漢孝明皇帝、永平十年**　この年、摩騰伽《まとうぎゃ》・竺法蘭《じくほうらん》が『四十二章経』を持って長安に来た。これが仏法東漸のはじめで、後の永平寺の号もここから来ている。

2 **青原《せいげん》・南嶽《なんがく》の法孫**　青原行思《せいげんぎょうし》の法孫は洞山良价《とうざんりょうかい》以下、天童如浄《てんどうにょじょう》に至る。南嶽懐譲《なんがくえじょう》の法孫に黄《おう》檗希運《ばくきうん》、臨済義玄《りんざいぎげん》が出て、いわゆる臨済系の禅門が開かれた。

【解】

達磨門下にだけ仏法の正系が伝わったというと、他の天台宗とか、真言宗とか、律宗とかいう宗旨は、どういうことなのか。あるいは玄奘三蔵《げんじょうさんぞう》とか鳩摩羅什《くまらじゅう》とかいう梵本の伝来者・訳経者は仏教にとって何なのか。南山道宣《なんざんどうせん》のような律学の大家もいる。達磨門下が釈尊の直系であるということは、釈尊以来必ず師と弟子とが顔を合わせて、修行の生活をともにして法を伝えてきたということなのである。その修行は釈尊以来の仏袈裟をかけて行なってきた。これを仏法の閫奥《こんおう》といい、仏祖の堂奥《どうおう》というのである。経文の翻訳や研究は学問であり、仏祖の法は実際の修行である。

四　袈裟《けさ》ハ言《いわ》ク三衣《さんね》有リ

[1]袈裟ハ言ク三衣有リ、[2]五条衣《ごじょうえ》・七条衣《しちじょうえ》、[3]九条衣《くじょうえ》等ノ大衣也《だいえなり》。[4]上行《じょうぎょう》ノ流《ともがら》ハ、唯《ただ》此ノ三衣ヲ受ケテ余衣《よえ》ヲ畜《たくわ》ヘズ、唯《ただ》三衣ヲ用《もっ》テ身ニ供《くう》ジテ事足《じそく》ス。若《も》シ経営作務《けいえいさむ》、大小ノ行来《ぎょうらい》ニハ、五条衣ヲ著《じゃく》ス。諸《もろもろ》ノ[5]善事ヲ為シ入衆《にっしゅ》センニハ、七条衣ヲ著ス。人天《にんでん》ヲ教化《きょうけ》シ、其《それ》ヲシテ敬信《きょうしん》セシメンニハ、須《すべか》ラク九条等ノ大衣ヲ著スベシ。

又屏処《へいしょ》ニ在ランニハ五条衣ヲ著シ、入衆《にっしゅ》ノ時ニハ七条衣ヲ著ス。若シ王宮聚落《おうぐうじゅらく》ニ入ランニハ、須《すべか》ラク大衣ヲ著スベシ。

又復《またまた》調《じょう》和《わ》煴煗《おんなん》ノ時ニハ五条衣ヲ著シ、寒冷ノ時ニハ七条衣ヲ加著《かじゃく》シ、寒苦厳切《かんくげんせつ》ナランニハ加フルニ以テ大衣ヲ著ス。

故往《こおう》ノ一時、正冬ノ夜ニ入リテ、天寒クシテ竹ヲ裂《さ》ク。如来、彼《か》ノ初夜《しょや》ノ分時ニ於テ、五条衣ヲ著シタマヒキ。夜久シク転《うた》タ寒キニハ七条衣ヲ加ヘ、夜ノ後分《ごぶん》ニ於テ、天寒転《うた》タ盛ンナルニハ、加フルニ大衣ヲ以テシタマヒキ。仏便《すなわ》チ念ヲ作《な》シタマハク、未来世《みらいせ》ノ中ニ、寒苦ヲ忍ビザルニハ、諸《もろもろ》ノ善男子《ぜんなんし》[6]、此ノ三衣ヲ以テ、足ラハシテ充《じゅう》身《しん》スルコトヲ得ン。

【訳】

袈裟には三種の袈裟がある。五条衣《ごじょうえ》と、七条衣《しちじょうえ》と、九条衣《くじょうえ》等の大衣《だいえ》とである。仏弟子の中でも摩訶迦葉《まかかしょう》尊者のように最高の修行をする人々は、この三種の袈裟だけをいただいて、そのほかの衣《けさ》は持たない。ただこの三種の袈裟だけを持って身につけ、事足らすのである。

仕事や労働をし、大小の旅行をする場合は五条衣を着る。さまざまな仏法上の修行を行ない、道場にあって修行僧と行ないをともにする時は七条衣を着る。人間界、天上界の人を教化し、その人たちに敬い信ずる心をおこさせようとする時は、必ず九条衣等の大衣を着るべきである。

また、自分だけ室内にいる時は五条衣を着、修行僧と行動をともにする時には七条衣を着る。王の宮殿や聚落《ひとざと》に入って法を説く時は必ず大衣を着るべきである。

また、気候のよい熅煖《あたたか》い時には五条を着、寒冷《さむさ》の時にはその上に七条衣を着、寒苦きびしく身にせまる時にはさらにその上に大衣を重ね着する。

故往《むかし》、一時《あるとき》、ま冬の夜に入って、気温が下がって竹をも裂くばかりになった。釈迦牟尼如来はその夜の夕方から夜中までは五条衣を召しておられた。夜がふけて次第に寒さがつのってくると、七条衣を重ねて召された。夜も明け方近く、寒さが一段ときびしくなった時には、さらに重ねて大衣をお召しになった。如来はこの時、思われた。「後の世になって、寒苦にたえられない時には、諸《もろもろ》の仏弟子たちは、この三種の袈裟を身につければ事足りることができるであろう」。

【注】

1 袈裟八言ク……　『大乗義章』十五、十二頭陀《ずだ》義両門分別。

2 五条衣・七条衣　袈裟は小さな布をつづり合わせて作る。大きな布があっても小さく裁《た》ってはぎ合わせる。小さな布は世間一般では役に立たないから、人の欲望の対象とならない。その時、一枚の短い布と一枚の長い布を縦に縫い合わせ、これを一条として五条を横に縫い合わせたものが五条衣である。一枚の短い布と二枚の長い布を縦に縫い合わせ、これを一条として七条を横に縫い合わせたものが七条衣である。

3 **九条衣等ノ大衣** 九条以上十一条・十三条・十五条・十七条・十九条・二十一条・二十三条・二十五条と、次第に小さな布を縫い合わせて作る袈裟を大衣というが、これは必ず裏がつく。

4 **上行ノ流《ともがら》** 仏弟子の中でも摩訶迦葉尊者は十二頭陀行《ずだぎょう》という最もきびしい修行の生活をしたが、その中に三衣だけを受けて他の衣類を畜《たくわ》えないということがある。

5 **善事** 仏弟子の善事とは仏道修行である。

6 **善男子** 仏弟子をいう。

【解】

ここには袈裟の種類とその用いる時、場合をあげる。そして寒さを防ぐためには、如来がかつて厳冬の夜をすごされた故事を引く。三衣《さんね》一鉢《いっぱつ》といい、但三衣《たんさんね》というのは少欲知足の仏弟子のきびしい生活の姿勢なのである。

五　搭袈裟法《たっけさほう》

搭袈裟法
偏袒右肩《へんだんうけん》、これ常途《じょうず》の法なり。通両肩搭《つうりょうけんた》の法あり、如来および耆年老宿《ぎねんろうしゅく》の儀なり。両肩を通ずといふとも、胸臆《きょうおく》をあらはすときあり、胸臆をおほふときあり。通両肩搭は六十条衣以上[1]の大袈裟のときなり。搭袈裟のとき、両端ともに左臂肩にかさねかくるなり。前頭《ぜんちょう》は左端のうへにかけて臂外《ひげ》にたれたり。大袈裟のとき、前頭を左肩より通じて背後にいだしたれたり。このほか種々の著袈裟《じゃけさ》の法あり、久参咨問《きゅうさんしもん》すべし。

【訳】
袈裟の搭《か》け方
偏袒右肩《へんだんうけん》といって、右肩を袒《はだぬぎ》にしてかけるのが普通のかけ方である。通両肩搭《つうりょうけんた》といって、両肩に通じてかけるかけ方もある。これは、如来と、高齢かつ先輩の僧のかけ方である。

偏袒右肩（正面）

両肩に通じてかけるといっても、胸《む》臆《ね》をあらわしてかける時もあり、胸《む》臆《ね》をおおってかける時もある。通両肩搭というかけ方は、六十条衣以上の大袈裟の時のかけ方である。袈裟をかける時、袈裟の両端とも左の臂《ひじ》と肩の上で重ねてかけるのである。袈裟の上前（すなわち右側の端）は、左端（が左の肩をおおっているそ）の上にかけて、臂の外側へたれている。大袈裟の時は、上前の端を、左肩をこして、背後《うしろ》に出してたらしている。このほか種々の袈裟の着用のしかたがある。師のもとに久しく参学して、たずねなさい。

【注】

1　六十条衣　十五条衣は長い布三枚と短い布一枚を縫い合わせて一条とし、それが十五条あるから、六十枚の布を縫い合わせる。これを六十条衣と称する。

偏袒右肩（背面）

【解】

ここは袈裟のかけ方を述べる。偏袒右肩《へんだんうけん》は、一般に僧の袈裟のかけ方として現在も行なわれている。

両肩をおおうかけ方は、授戒の時に戒師がかけるのが残っている。しかし、古い仏像には、この形がはっきり現われている。

左に慈雲尊者の『方服図儀』からその図を掲げた。

日本当麻寺藕糸織成
安養変相来慰如来

日本信州善光寺瑞像

（『方服図儀』巻上より）

六　梁《りょう》・陳《ちん》・隋《ずい》・唐《とう》・宋《そう》あひつたはれて数百歳《すはくさい》のあひだ

[1]梁・陳・隋・唐・宋あひつたはれて数百歳のあひだ、大小両乗の学者、おほく講《こう》経《きょう》の業をなげすてて、究竟《くきょう》にあらずとしりて、すすみて仏祖正伝の法を習学《しゅうがく》せんとするとき、かならず[2]従来の弊衣《へいえ》を脱落《とつらく》して、仏祖正伝の袈裟を受持するなり。まさしくこれ「捨邪帰正《しゃじゃきしょう》」なり。

如来の正法は、西天《さいてん》すなはち法本《ほうほん》なり。古今の[3]人師《にんし》、おほく凡夫《ぼんぶ》の情量局量《じょうりょうこくりょう》の小見をたつ。仏界衆生界、それ有辺無辺《うへんむへん》にあらざるがゆゑに、大小乗の教行人理《きょうぎょうにんり》、いまの凡夫の局量《こくりょう》にいるべからず。しかあるに、いたづらに西天を本《ほん》とせず、[4]震旦国《しんだんこく》にして、あらたに局量の小見を今案《こんあん》して仏法とせる、道理しかあるべからず。

しかあればすなはち、いま発心《ほっしん》のともがら、袈裟を受持《じゅじ》すべくは、正伝の袈裟を受持すべし。[5]今案の新作袈裟《しんさくけさ》を受持すべからず。正伝の袈裟といふは、少林・曹渓正伝しきたれる、如来の嫡々相承《ちゃくちゃくそうじょう》なり。[6]一代も虧闕《きけつ》なし。その法子法孫《ほっしほっそん》の著《じゃく》しきたれる、これ正伝袈裟なり。唐土の新作は正伝にあらず。いま古今に、西天よりきたれる僧徒の所著《しょじゃく》の袈裟、みな仏祖正伝の袈裟のごとく著せり。一人としても、いま震旦新作の律学のともがらの所製の袈裟のごとくなるなし。くらきともがら、律学の袈裟を信ず、あきらかなるものは拋却《ほうきゃ》するなり。

【訳】

中国で、梁・陳・隋・唐・宋と王朝が交替しながら伝えられた数百年の間、大小両乗の仏教学者の多くは、経典講義の仕事をなげすてて、文字のせんさくは究極のものではないと知って、進んで仏祖正伝の法を修行しようとする時は、必ずそれまでの法にかなわない衣《けさ》は着ていられなくなって、仏祖正伝の袈裟をいただいて身につけるのであった。これこそまさに邪を捨て、正しきに帰するということである。

如来の正法は、インドがそのまま法の根本である。ところが、古今の、人間相手に法を説く師僧は、たいてい凡夫の世間的なはからいで、限界のある小さな見解を立てる。仏の境界、衆生の境界はそもそも辺《かぎり》があるとか辺《かぎり》が無いとかいった対立概念の問題ではないので、大乗小乗の教えや修行や人間世界の道理は、現在の凡夫の限界のあるおしはかりには入ってこないのである。それなのに、益もなく、インドをお手本とせず、中国において、新しく限界のある小さな考えを急に思いついて仏法としていることは、道理としてそうあってはならないものである。

というわけであるから、現在発心して道に志す人々は、袈裟をいただいて身につけるとならば、正伝の袈裟をいただいて身につけなさい。近々に考え出した新作の袈裟をいただいて身につけてはならない。正伝の袈裟というのは、少林寺の達磨大師、曹渓山《そうけいざん》の大鑑禅師が正伝しておいでになった、如来の法の直系のあとつぎが代々伝えてきたものである。その間、一代として欠けたことがない。その法子・法孫が着用してきた袈裟が、正伝の袈裟である。中国で新しく作られた袈裟は正伝ではない。現在、昔から今に至るまで、インドから中国に来た僧たちが着ている袈裟は、すべて仏祖正伝の袈裟の通りに着ている。一人としても、現在中国で新作した律学者どもが作った袈裟のようなものはない。道理にくらい者どもは律学者の袈裟を信じる。道眼の明らかな者はなげすてるのである。

【注】

1　梁《りょう》・陳・隋・唐・宋　梁の武帝（在位五〇二―五四九）から道元禅師が入宋《にっそう》された時代まで。

2　従来の弊衣《へいえ》を脱落《とつらく》　他宗の僧が禅門に帰依することを「衣《え》をかえる」という。

3 **人師《にんし》**　仏は天人のためにも人間のためにも法を説く。人間相手にだけ法を説くというのはおとしめた言い方である。

4 **震旦国にして、あらたに**　「伝衣」巻には、「西天より伝来せる袈裟、ひさしく漢唐につたはれることをあらためて、小量にしたがふる、これ小見によりてしかあり。小見のはづべきなり。もしいまなんぢが小量の衣《え》をもちゐるがごときは、仏威儀《ぶついいぎ》おほく虧闕《きけつ》することあらん」と言っている。袈裟が絡子《らくす》とか掛絡《から》とかいわれる小型のものになったのがいつのことであるか、未だ定説がない。しかし、もし律学者が古風を守って絡子を用いなかったならば、絡子は今日ほど普及しなかったと思われる。道元禅師は絡子の発祥が律学者にあると見ているようである。

絡子《らくす》（掛絡）着用

5 **今案の新作袈裟・唐土の新作**　インド伝来の袈裟の様式のうち、大衣（九条以上二十五条に至る裏付きの袈裟）の作り方を変えたのは南山道宣《なんざんどうせん》（五九六―六六七）である。『律相感通伝』に天人から教えられたとして自ら記している。これについて道元禅師は「伝衣」巻で、「あるいはいふ、天人のをしへによりて仏衣をあらたむと。しかあらば天仏をねがふべし、又天の流類《るるい》となれるか。仏弟子は仏法を天人のために宣説《せんぜつ》すべし、道を天人にとふべからず。あはれむべし、仏法の正伝なきは、かくのごとくなり。天衆の見と仏子の見と、大小はるかにことなることあれども、天くだりて法を仏子にとぶらふ。そのゆゑは、仏見と天見と、はるかにことなるがゆゑなり。律家声聞《しょうもん》の小見、すててまなぶことなかれ」と口を極めて斥《しりぞ》けている。

6 **一代も虧闕《きけつ》なし**　禅門はどこでも七仏以来、釈迦牟尼仏・菩提達磨を経て自分の師に至るまでの法灯の次第を明らかにして、朝ごとに唱えている。一代も欠けたところがないのである。

【解】

ここでは袈裟の正伝が法の正伝であることを言う。「捨邪帰正《しゃじゃきしょう》」とは、授戒の時、三聚浄戒《さんじゅじょうかい》を授けた後唱えられる。むずかしい教理の正邪ではない。袈裟が正しいか正しくないかであるというのである。

道宣大衣の重法

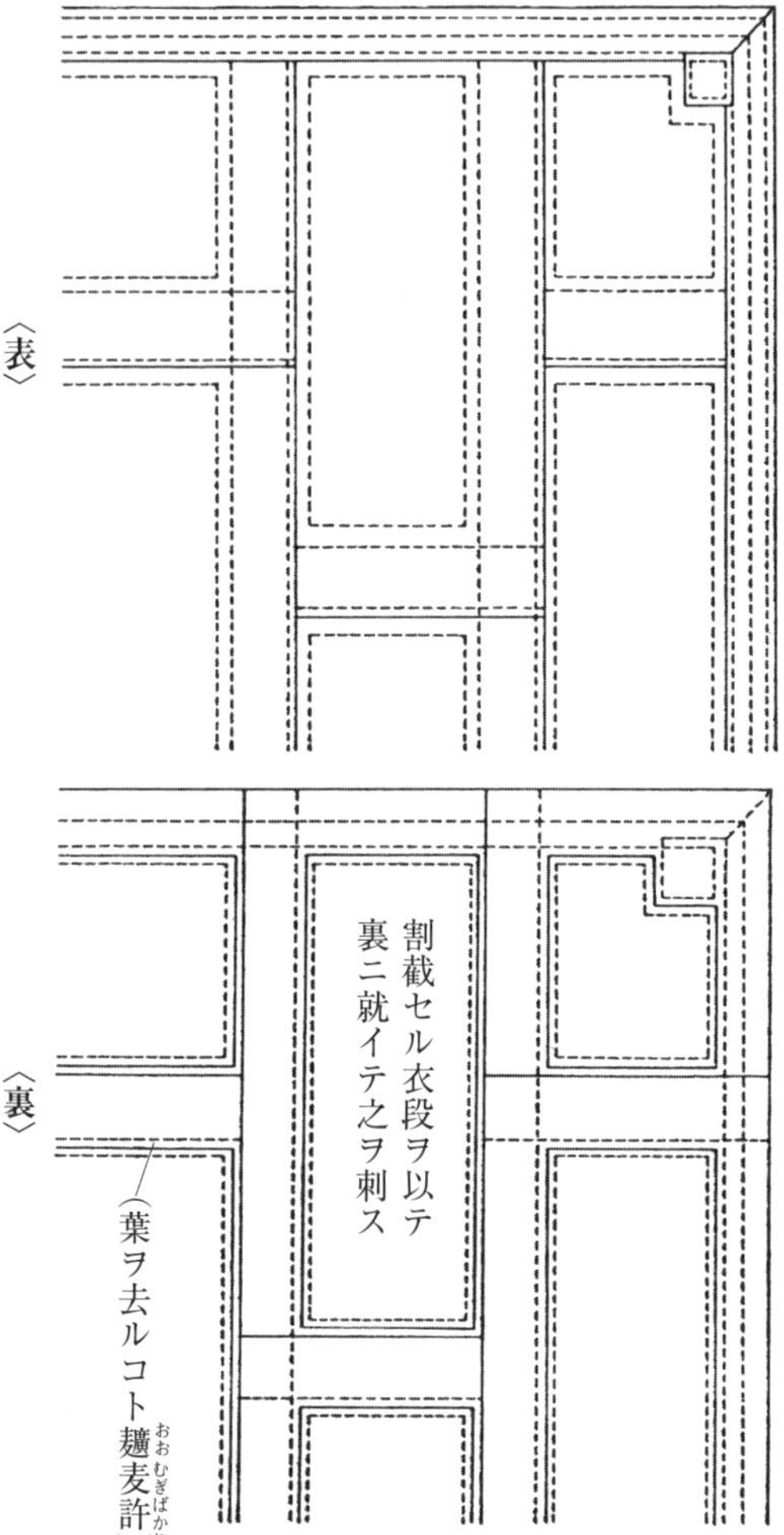

南山道宣は玄奘の訳経事業に参加して筆受・潤文（中国語としての文章を整える役）を司っている。四分律宗を唱え、律宗の祖として、宋代には元照・允堪《いんたん》等の祖述者を得て尊崇された。律宗の方からいえば道宣は律学の神様のような人で、その人が天人の感応を得て袈裟の新しい作

り方を始めたとなれば、すべてそれに従う。その作り方は、大衣の壇隔の一枚ごとに小さな布を裏からあてて縫いつけるという、非常に手間のかかるものである。律宗ではそれを最も尊い袈裟としている。しかし、道元禅師の仏法の眼は、道宣をはるかに越えていた。天人に教えてやるのが仏弟子である。天人の教えを聞くようでは、人天の導師の名に恥じるのである。

七　おほよそ仏々《ぶつぶつ》祖々《そそ》相伝《そうでん》の袈裟の功徳

おほよそ仏々祖々相伝の袈裟の功徳、[1]あきらかにして信受しやすし。正伝まさしく相承せり。本様《ほんよう》まのあたりつたはれり、いまに現在せり。受持あひ嗣法《しほう》していまにいたる。受持せる祖師、ともにこれ証契伝法《しょうけいでんぽう》の師資《しし》なり。しかあればすなはち、仏祖正伝の作《さく》袈裟の法によりて作法すべし。ひとりこれ正伝なるがゆゑに。凡聖《ぼんしょう》・人天《にんでん》・龍《りゅう》神《じん》、みなひさしく証知しきたれるところなり。

[2]この法の流布《るふ》にむまれあひて、ひとたび袈裟を身体《しんだい》におほひ、刹那須臾《せつなしゅゆ》も受持せん、すなはちこれ[3]決定成《けつじょうじょう》無上菩提《むじょうぼだい》の護身符子《ごしんふす》ならん。[4]一句一偈《げ》を信心にそめん、長劫《じょうごう》

光明《こうみょう》の種子《しゅうじ》として、つひに無上菩提にいたる。一法一善を身心にそめん、亦復如是《やくぶにょぜ》なるべし。心念も刹那生滅し無所住《むしょじゅう》なり、身体も刹那生滅し無所住なりといへども、所修の功徳、かならず熟脱《じゅくだつ》のときあり。袈裟また作《さ》[5]にあらず無作《むさ》にあらず、有所住[6]にあらず無所住にあらず、唯仏与仏《ゆいぶつよぶつ》の究尽《ぐうじん》するところなりといへども、受持する行者《ぎょうじゃ》、その所得《しょとく》の功徳、かならず成就《じょうじゅ》するなり、かならず究竟《くきょう》するなり。もし宿善《しゅくぜん》なきものは、一生二生乃至無量生《ないしむりょうしょう》を経歴《きょうりゃく》すといふとも、袈裟をみるべからず、袈裟を著《じゃく》すべからず、袈裟を信受すべからず、袈裟をあきらめしるべからず。いま震旦国・日本国をみるに、袈裟をひとたび身体に著することうるものあり、えざるものあり。貴賤[7]によらず、愚智によらず。はかりしりぬ、宿善によれりといふこと。

【訳】

およそ仏から仏へ、祖師から祖師へ、代々伝えられた袈裟の功徳は、はっきりしていて信受しやすい。仏祖からの正伝は、まぎれもなく受け伝えられている。本来の様子《ありかた》は目の前に伝わっている。いま現に存在している。いただいて身につけることは、まぎれもなく受けつがれて、現在に至っている。いただいて身につけておいでになった祖師方は、どなたもみな絶対の真実にぴったり一致し、仏正法を伝えた師匠と弟子とである。ということであってみれば、袈裟は仏祖正伝の作り方によって、作法通りに作るべきである。ただこれだけが正伝なのであるから。凡夫も聖人も、人間界、天上界の人も、龍も神も、みな久しい昔から、たしかな証拠とともに承知してきたところである。

この法この袈裟の流布する世に生まれ合わせて、一度でも袈裟を身体におおい、刹那須臾《ほんのしばしのま》でもいただいて身につけるなら、そのままこれが間違いなく無上菩提を完成する護身のお守り札であろう。仏の説かれる一句一偈を、まっすぐ信ずる心にしみこませると、無量の長時にその身をてらす光明の種子となって、ついには無上菩提に至る。仏の一法、仏法の一善を身心にしみこませることも、またこの通りであろう。

人の心に思うことは、刹那刹那に生滅してとどまることなく、人の身体も刹那刹那に生滅してとどまることはないのであるが、修めた功徳は間違いなく実って、解脱に至る時がある。袈裟もまた、人が作ったものでもなく、かといって作らないものでもなく、とどまるところが有るでもなく、とどまるところがないでもなく、その絶対の真実は、仏と仏とだけがきわめ尽くすところであるが、いただいて身につける仏道修行者が、その得るところの功徳は、必ず成就するのである。必ずゆきつくところにゆきつくのである。

もし前世に善根《ぜんごん》を植えていない者は、一生二生、それ以上無量生に至るまで何回生まれかわっても、袈裟を見ることはないであろう、袈裟を身につけることはないであろう、袈裟を信受することはないであろう、袈裟の真実を明らかに知ることはないであろう。現在、中国・日本を見ると、袈裟を一度でも身につけることのできる者もあり、できない者もある。その差は、身分が貴いか賤《いや》しいかにはよらない、愚かであるか知恵があるかにもよらない。推しはかってみるとよくわかるのである、これは前の世に植えた善根によっているということなのである。

【注】

1　**あきらかにして信受しやすし**　全く不思議なことに、仏祖正伝の袈裟は、昭和の今日といえども手にとって見ることができる。縫うこともできる。かけることもできる。これを「袈裟の功徳」というのである。仏法の伝わった歴史を辿れば辿るほど、それがはっきりしてくる。

2　**この法の流布に……**　「袈裟功徳」巻では、袈裟と法は一つのものである。この法（仏法）が流布していれば正伝の袈裟も流布している。正伝の袈裟が流布していれば仏法は流布しているのである。

3　**決定《けつじょう》成《じょうじ》無上菩提の護身符子《ふす》**　この袈裟を身につけることのできた人は、無上菩提において、他のどんなお守り札もいらないのである。

4 **一句一偈を信心にそめん** 仏典の一句一偈を深く信じて身に行なうこと。次の「一法一善を身心にそめん」と対句になっている。ここの「一法一善」は袈裟である。

5 **作《さ》にあらず無作《むさ》にあらず** 信心をもって縫わなければ袈裟は出来上がらない。しかし、勝手に縫うのでなく法に従って縫うのであるから、人間の作為ではない。

6 **有所住にあらず無所住にあらず** 真実のあり方が、その通り袈裟に現成《げんじょう》している。

7 **貴賤によらず、愚智によらず** 袈裟に出会うか否かは、身分の上下、智慧のあるなしではない。

【解】

釈尊およびその仏弟子たち、菩提達磨以下歴代の祖師の着たものがそっくり現在に伝わり、同じ縫い方で縫い、同じかけ方でかけ、同じ仏道修行をしている。こんな不思議なことはない。こんなはっきりしたこともない。こういう袈裟に出会うかどうかは、人間の力の問題ではない。ただただ前生《ぜんしょう》の善根によるというのである。

しかあればすなはち、袈裟を受持せんは宿善よろこぶべし、積功累徳《しゃっくるいとく》うたがふべからず。いまだえざらんはねがふべし、今生《こんじょう》いそぎ、そのはじめて下種《あしゅ》せんことをいとなむべし。さはりありて受持することえざらんものは、諸仏如来、仏法僧の三宝《さんぼう》に、慚愧懺悔《ざんきさんげ》すべし。他国の衆生いくばくかねがふらん、わがくにも震旦国のごとく、如来の衣法《えほう》まさしく正伝親臨《しょうでんしんりん》せましと。おのれがくにに正伝せざること、慚愧ふかかるらん、かなしむうらみあるらん。われらなにのさいはひありてか、如来世尊の衣法正伝せる法にあひたてまつれる。宿殖般若《しゅくじきはんにゃ》の大功徳力《だいくどくりき》なり。いま末法悪時世は、[1]おのれが正伝なきをはぢず、他の正伝あるをそねむ、おもはくは魔儻《まとう》ならん。おのれがいまの所有所住は、前業《ぜんごう》にひかれて真実にあらず。ただ正伝仏法を帰敬《ききょう》せん、すなはちおのれが学仏の実帰《じっき》なるべし。

【訳】

ということであるから、袈裟をいただいて身につける人は、前世に善根を植えておいたことを感謝すべきである。今後ますます功徳の積みかさなることは疑いない。まだ袈裟を手に入れていない人は、ねがい求めなさい。この一生のうちに、急いで、この世で初めて善根の種まきをすることを、精を出してやりなさい。

何かの障礙があって、いただいて身につけることのできない者は（前世の善根が足りないのであるから）、諸仏如来、仏法僧の三宝に、深く自らはじ入り、罪を懺悔《さんげ》しなさい。他国の衆生《ひとびと》は、どんなにかねがい求めていることであろう、自分の国も、中国のように、如来の袈裟と法がまぎれもなく正伝し、親しく渡来してくれたらいいのに、と。また、自分の国に如来の袈裟と法が正伝しないことについては（前世の善根が足りないのだから）、はじ入る心が深いであろう、（自らの不徳を）悲しむ恨みがあるであろう。

日本のわれわれは、どういうしあわせがあってか、如来世尊の袈裟と法が正伝している法に会わせていただいているのであろう。過去世に般若《さとり》の種子を植えておいた大功徳力である。現在、末法で、悪いことばかりある時代には、自分に正伝のないのをはずかしいとも思わず、ほかの人に正伝のあるのを憎んで悪く言う。思うに、彼らは魔の仲間であろう。（仏法者でありながら正伝をそしるという）おまえの現在の身のあり方は、前世で作った悪業《あくごう》にひかれてあるもので、真実ではない。ただ正伝の仏法（すなわち正伝の袈裟）に帰依し敬うのが、おまえの仏法を学ぶ真のおちつきどころであろう。

【注】

1 おのれが正伝《しょうでん》なきをはぢず　恐らく比叡山その他の圧迫があったことを言うのであろう。

【解】

袈裟に出会い、袈裟を身につける、これほどしあわせなことはない。日ごとに功徳は積み累《かさ》なる。しかし袈裟の全く伝わらない国もある。そういう国では、どんなに中国や日本をうらやましく思うであろう。袈裟に出会えないのは、前世の善根が足りないのである。出会えない人は自ら懺悔して、袈裟に出会えるようにしなさい。

それにしても、日本にいて袈裟に出会って身につけることができるとは何というしあわせか。「宿殖般若《しゅくじきはんにゃ》の大功徳力《だいくどくりき》」とはこのことを言うのである。一方、正伝のない宗旨の人が正伝ある仏法を悪く言う。道元禅師の時の仏教界がそうであった。しかし、その人たちのその姿も前世の悪業《あくごう》にひかれた仮の姿である。早く正伝の仏法である正伝の袈裟に帰依しなさい、というのがこの一段の大意である。

八　袈裟はこれ諸仏の恭敬《くぎょう》帰依《きえ》しましますところなり

おほよそしるべし、袈裟はこれ諸仏の恭敬帰依しましますところなり。仏身なり、仏心なり。解脱服《げだっぷく》と称じ、福田衣《ふくでんえ》と称じ、無相衣《むそうえ》と称じ、無上衣《むじょうえ》と称じ、忍辱衣《にんにくえ》と称じ、如来衣《にょらいえ》と称じ、大慈大悲衣《だいじだいひえ》と称じ、勝幡衣《しょうばんえ》と称じ、阿耨多羅三藐三菩提衣《あのくたらさんみゃくさんぼだいえ》と称ず。まさにかくのごとく受持頂戴《じゅじちょうだい》すべし。かくのごとくなるがゆゑに、こころにしたがうてあらたむべきにあらず。

【訳】
おしなべて知るべきである、袈裟は、諸仏が恭敬《うやまい》をいたし、帰依あそばされるところである。仏の身である、仏の心である。（解脱を得るので）解脱服と称《とな》え、（道の苗が育つので）福田衣《ふくでんえ》と称え、（無相の真実を表現するので）無相衣と称え、（この上ないので）無上衣と称え、（一切の侮辱、悩害を忍んで瞋《いかり》がないので）忍辱衣《にんにくえ》と称え、（真実そのものであるので）如来衣と称え、（仏の慈悲そのものであるので）大慈大悲衣と称え、（魔を降《くだ》して必ず勝つ勝利の幡であるので）勝幡衣《しょうばんえ》と称え、（無上《むじょう》正等覚《しょうとうがく》そのものであるので）阿耨多羅三藐三菩提衣《あのくたらさんみゃくさんぼだいえ》と称える。袈裟はまことに、このようにいただいて身につけ、頭にのせて敬いなさい。こういう真実そのものであるから、自分勝手に改作すべきではないのである。

【解】

仏身とか仏心とかは、ほかのものではない袈裟である。だから諸仏が恭敬帰依《くぎょうきえ》するのも袈裟である。この言葉が素直に信じられないなら、「袈裟功徳」巻は読めなくなるであろう。道元禅師を信用して、「仏身なり、仏心なり」を信じるか否かにかかっている。そこが信じられると、次のさまざまな袈裟の名称はすべて納得できる。それだからこそ勝手な作り方は許されないのである。

九　その衣財《えざい》、また絹《けん》・布《ふ》よろしきにしたがうてもちゐる

その衣財、また絹・布よろしきにしたがうてもちゐる。かならずしも布《ふ》は清浄《しょうじょう》なり、[1]絹《けん》は不浄なるにあらず。布をきらうて絹をとる所見《しょけん》なし、わらふべし。

諸仏の常法、かならず[2]糞掃衣《ふんぞうえ》を上品《じょうぼん》とす。

糞掃に十種あり、四種あり。いはゆる火焼《かしょう》・牛嚼《ごしゃく》・鼠噛《そこう》・死人衣《しにんえ》等ナリ。[3]五印度ノ人、此《かく》ノ如キ等《とう》ノ衣《え》、之《これ》ヲ巷野《こうや》ニ棄ツ。事、糞掃《ふんぞう》ニ同ジ、糞掃衣ト名ヅク。行者之ヲ取ッテ、浣洗縫治《かんせんほうじ》シテ、用以《もっ》テ身ニ供《く》ズ。そのなかに、絹類《けんるい》あり、布類《ふるい》あり。絹《けん》・布《ふ》の見《けん》をなげすてて、[4]糞掃を参学すべきなり。

糞掃衣は、むかし[5]阿耨達池《あのくだっち》にして浣洗せしに、龍王讃歎《さんだん》、雨花礼拝《うけらいはい》しき。

小乗教師また[6]化糸《けし》の説あり、よところなかるべし、大乗人わらふべし。いづれか化糸にあらざらん。なんぢ化をきくみみを信ずとも、化をみる目をうたがふ。

しるべし、糞掃をひろふなかに、絹に相似なる布あらん、布に相似なる絹あらん。土俗万差《ばんしゃ》にして造化《ぞうけ》はかりがたし、肉眼のよくしるところにあらず。かくのごとくの物をえたらん、絹・布と論ずべからず、糞掃と称ずべし。たとひ人天《にんでん》の[7]糞掃と生長《しょうちょう》せるありとも、有情ならじ、糞掃なるべし。たとひ松菊《しょうぎく》の糞掃と生長せるありとも、非情ならじ、糞掃なるべし。糞掃の絹・布にあらず、金銀珠玉《こんごんしゅぎょく》にあらざる道理を信受するとき、糞掃現成するなり。絹・布の見解《けんげ》いまだ脱落《とつらく》せざれば、糞掃也未夢見在《ふんぞうやみむけんざい》なり。

ある僧かつて古仏にとふ、「[8]黄梅《おうばい》夜半の伝衣《でんえ》、これ布《ふ》なりとやせん、絹《けん》なりとやせん。畢竟《ひっきょう》じてなにものなりとかせん」。

古仏《こぶつ》いはく、「これ布にあらず、これ絹にあらず」。

しるべし、袈裟は絹・布にあらざる、これ仏道の玄訓なり。


【訳】


その袈裟の用布は、また絹でも植物繊維のものでも、適当なものがあるに従って用いる。決して植物繊維のものは清浄で、絹は不浄だというのではない。植物繊維をいやがって、絹をよしとして取る先例は見たことがない。笑うべきことである。

諸仏のいつに変わらぬ法は、間違いなく糞掃衣《ふんぞうえ》を最上とする。

糞掃には十種あり、また四種ある。いわゆる焼けこげた着物、牛のかんだ着物、鼠がかじった着物、死人に着せてあった着物などである。五インドの人は、このような着物を町や野中に捨てる。不用のものとして掃き捨てたのと同じであるから、糞掃衣《はきすてたもの》と名づける。修行者はこれをとって浣洗《すすぎあら》い、縫いつづくって、身につける。その中には絹の類もあり、植物繊維の類もある。絹か、植物繊維か、という考えをなげすてて、糞掃《はきすて》の意味を修行の上から学ぶべきである。

糞掃衣は、むかし阿耨達池《あのくだっち》で浣洗《すすぎあら》ったところ、龍王が讃歎《ほめたた》え、華の雨をふらして礼拝したことがある。

小乗教の法師にはまた、釈尊の召された袈裟は蚕《かいこ》から取ったものでなく、不思議な力で仮に現出させたものだという説がある。根拠はないであろう、大乗の人は笑うにちがいない。（本来ものごとは実体のないものである。仮に現出したのが「化《け》」ということなら）どれといって「化」の糸でないものはない。

おまえは「化」ということがあると聞いて信じても、「化」を見る自分の目を疑っている。よいか、糞掃《はきすてたもの》を拾う中に、絹によく似た植物繊維もあるだろう、植物繊維によく似た絹もあるだろう。その土地土地の風俗はさまざまで、この地上にどういうものが作り出されているかははかり知ることができない。肉眼で見分けのつくものではない。このようなものを拾った時、絹か植物繊維かを問題にしてはいられない。糞掃と称したらいい。たとい人間界・天上界の人が糞掃として成長したものがあっても、有情《こころあるもの》ではあるまい、糞掃であろう。

たとい松や菊が糞掃として生長したものがあっても、非情《こころなきもの》ではあるまい、糞掃であろう。糞掃が絹でなく植物繊維でなく、金銀珠玉でない道理を信受する時、糞掃が現前の真実となるのである。絹か植物繊維かという差別の考えからすっかり解脱しないうちは、糞掃は夢にも見ることがないのである。

ある僧がその昔、曹渓古仏六祖慧能《えのう》禅師にたずねた、「黄梅山《おうばいざん》で夜半に五祖から伝えられた袈裟は、これは植物繊維のものとしましょうか、絹物としましょうか。究極のところなにものとしましょう」。

古仏が言われた、「これは植物繊維でもなく、絹でもない」。

わかるはずである、袈裟は絹でも植物繊維でもないということ、これが仏道の奥深い訓《おしえ》なのである。

【注】

1 **絹《けん》は不浄**　南山道宣《なんざんどうせん》は「肉食蚕衣」と言って、蚕の生命を絶って作る絹を肉食と同じく否定した。

2 **糞掃衣《ふんぞうえ》**　糞掃は掃き捨てたもの。人が不用のものとして捨てた中からつづり合わせて作る袈裟は人間の執着を全く離れているので最上とする。

3 **五印度**　東、西、南、北と中インド。

4 **糞掃を参学**　糞掃はここでは、人間の執着の対象とならぬ絶対の真実を意味する。

5

阿耨達池《あのくだっち》　大雪山の北にある池。無熱悩池、清涼池と訳する。龍王がすんで清涼の水を出し、四大河を出して全インドをうるおすといわれる。

『大宝積経《だいほうしゃくきょう》』百十四、糞掃衣比丘品に次の話がある。

周那という沙弥《しゃみ》（出家して具足戒《ぐそくかい》を受けていない仏弟子）がいた。乞食《こつじき》の終わったあと、糞掃《はきだめ》の中から、きたない布を拾って、阿耨達池で洗おうとやってきた。阿耨達池のほとりには常に天人たちがいたが、周那沙弥を見ると皆遠くから、頭を地につけて礼拝した。彼等天人たちは浄潔《きれい》好きであったが、周那沙弥が糞掃《はきだめ》から拾ってきたきたない布を引っぱって垢穢《よごれ》を落とすのを手伝い、洗った汁で自らの身をも洗った。天人たちは周那沙弥が浄戒を持《たも》ち、諸《もろもろ》の禅定《ぜんじょう》に入り、大威徳のあることを知っていたから、このように恭しく敬ったのである。

須跋陀《しゅばっだ》という梵志《ぼんし》（婆羅門）がいた。浄潔《きれい》な衣《きもの》を着て乞食《こつじき》してから、阿耨達池へ行こうとした。ところが阿耨達池にいつもいる天人たちは、池の四面各々五里にわたって、須跋陀梵志が池に近づけないようにした。須跋陀の不浄食の残飯を、池で洗われてはたまらないと思ったのである。

6

化糸《けし》の説　『法苑珠林《ほうおんじゅりん》』四十七に、道宣《どうせん》の『感応記』を引いて次のように言っている。

仏が三蔵経中繒糸《きぬいと》を三宝に供養することを聴《ゆる》しておいでになるが、これは蚕から取った糸ではない。この南閻浮洲《なんえんぶしゅう》の外に千八百の大国がある。いずれも繒帛《きぬのぬの》があるが、蚕の口から出たものではない。そこでは、糸が必要になった時は香を燃《た》いて桑の木の下に行く。すると二人の化《け》女子《にょし》が現われる。八歳ぐらいの女の子である。口から糸を吐くので、糸車でほしいだけ巻き取って帰ってくる。決して蚕の命を奪って取るものではない、と。

7　**糞掃《ふんぞう》と生長《しょうちょう》せる**　人間も松や菊も、絶対の真実として生きている。その時、人間的な価値ではかることはできない。これが糞掃の本当の意味である。

8　**黄梅夜半《おうばいやはん》の伝衣**　六祖大鑑慧能は、五祖のもとで、俗体のまま米つき部屋で石うすをついていた。そして五祖の多くの弟子たちにも内緒で、夜半、ひそかに達磨大師の袈裟と法が六祖に伝えられた。これは自己の真実に目ざめ、宇宙の真実と一如となったあかしとして伝えられたのであるから、絹だ、布だの差別は通り越しているのである。

【解】

先にも述べたが南山道宣《なんざんどうせん》は律を学び、玄奘三蔵の訳経事業には筆受・潤文という、梵本の漢文訳を専門に受け持った。律学に関する書物を著わすこと三十五部百八十八巻といわれ、四分律宗の祖として崇められる。袈裟を尊重して顕慶四年（六五九）『釈門章服儀』を著わすが、そこでは絹を蚕の命を奪って作る害命《がいみょう》の衣《え》として極力排斥する。その説は十年後の乾封二年（六六七）に著わされた『律相感通伝』に至って、ついに天人（韋駄天《いだてん》）の感応を見たことを述べることになる。

およそ仏道を学ぶのは、自己の真実と宇宙の真実とが、ただ一味平等であることを学ぶのである。真実の二つなく三つないこと、絹もなく布もない、ただ袈裟の現成だけがあることを学ぶのである。蚕の糸の代わりに桑の木の下に八歳の童女が吐き出す糸を考えたり、自説の証明に韋駄天を必要とするあたり、千年後の人知の開発の見通しがつかなかったということであろう。しかし唐代以来、道宣の律宗における存在は大きく、宋代には大智律師元照（一〇四八―一一一六）、南山律師允堪《いんたん》（?―一〇六一）のような祖述者を得ていっそう盛んになった。この道宣の説を仏法の本義から容赦なく批判したのは、おそらく道元禅師ばかりであろう。

袈裟に関しては元照の『仏制比丘六物図』が鎌倉時代に日本に入って袈裟の標準となった。江戸時代の慈雲尊者飲光《じうんそんじゃおんこう》（一七一八―一八〇四）は正法律宗を唱えて『方服図儀』を著わす等、袈裟の研究を深め、同時に弟子たちに袈裟を作らせているが、この壇隔ごとに裏をつける縫い方を尊んで、九品の大衣を残している。

十　商那和修尊者《しょうなわしゅそんじゃ》は

商那和修尊者[1]は第三の附法蔵《ふほうぞう》なり、むまるるときより衣《え》と倶生《くしょう》せり。この衣、すなはち在家のときは俗服なり、出家すれば袈裟となる。また鮮白比丘尼《2せんびゃくびくに》、発願施氈《ほつがんせじょう》ののち、生々《しょうじょう》のところ、および中有《3ちゅうう》、かならず衣と倶生せり。今日釈迦牟尼仏にあふたてまつりて出家するとき、生得《しょうとく》の俗衣《ぞくえ》、すみやかに転じて袈裟となる。和修尊者におなじ。

あきらかにしりぬ、袈裟は絹・布等にあらざること。いはんや仏法の功徳、よく身心諸法を転ずること、それかくのごとし。われら出家受戒のとき、身心依正《しんじんえしょう》すみやかに転ずる道理あきらかなれど、愚蒙《ぐもう》にしてしらざるのみなり。諸仏の常法、ひとり和《わ》修《しゅ》・鮮白《せんびゃく》に加《か》して、われらに加せざることなきなり。随分《ずいぶん》の利益《りやく》、うたがふべからざるなり。

かくのごとくの道理、あきらかに功夫参学《くふうさんがく》すべし。善来得戒《4ぜんらいとくかい》の披体《ひたい》の袈裟、かならずしも布にあらず、絹にあらず。仏化難思《ぶっけなんし》なり、衣裡《えり》[5]の宝珠《ほうしゅ》は算沙《さんじゃ》の所能にあらず。

【訳】

商那和修《しょうなわしゅ》尊者は、釈尊から第三代目にあたって法を伝えられた方である。生まれた時から衣《きもの》と一緒に生まれた。この衣は、とりもなおさず在家の時には俗服である、出家すると袈裟になる。また鮮白比丘尼《せんびゃくびくに》の前生譚《ぜんしょうたん》では、願をおこして氎《じょう》（綿の実の繊維で織った布）を布施してから、何回生まれても、またこの生から次の生にうつる中間の時も、必ず衣と一緒に生まれた。今生に釈迦牟尼仏にお会い申し上げて出家する時、生まれながら身についていた俗の衣が、直ちに変わって袈裟となったことは、商那和修尊者と同じである。

はっきりとわかった、袈裟は絹だの、植物繊維だのというものでないということが。ましてや仏法の功徳が、身心諸法を転換させることは、そもそもこのようなことなのである。われわれが出家し、受戒した時、身と心と、主体と環境とが直ちに転換してそのまま絶対の真実になる道理ははっきりしているのであるが、愚かで道理がわからないので、本人は知らないのである。諸仏のいつに変わらぬ法が、ただ商那和修尊者と鮮白比丘尼にだけ加護を与えて、われわれに加護を与えてくださらないということはないのである。めいめい、分に随った利益《りやく》を受けていることは、疑うべくもないのである。

このような道理を、はっきりと、力を尽くして師について学びなさい。釈尊が「よく来たな」と仰せられると、直ちに戒が授けられ、袈裟が身をおおうといわれるが、その時の袈裟も、決して植物繊維ではない、絹ものでもない。仏の化導は人間の思いのほかのものである。衣裡《えり》の宝珠《ほうしゅ》――人間が知らないうちに仏から授けられている絶対の真実――は、砂を算《かぞ》えるような仏教学者の理解できるところではない。

【注】

1 **商那和修尊者《しょうなわしゅそんじゃ》** 附法蔵第三祖。自然服《じねんぶく》と訳す。前生に設諾迦草《せつだくかそう》（麻の一種）をつむいで作った袈裟を衆僧に供養した因縁で、中有《ちゅうう》に生まれかわった時も、衣とともに生まれ、この生でも出胎の時から衣を着て生まれ、成長するにつれてその衣も大きくなり、出家の時、袈裟となった（西域記一）。

2 **鮮白比丘尼《せんびゃくびくに》** 仏在世、迦毘羅城《かびらじょう》の長者、瞿沙《くしゃ》の妻が女子を産んだところ、白氎《びゃくじょう》の衣に裹《つつ》まれていた。そこで白浄という名をつけた。成長するにつれて、その衣も大きくなり、白氎は洗わないでも浄らかであった。人々は競って結婚を申し込んだが、白浄は世俗の栄華に望みはないと言って出家を願った。父母も娘を愛するあまり反対することができず、ともに仏のみもとに行って出家を願った。仏が「善来比丘尼」と言われると頭髪は自ら落ち、身にまとっていた衣は袈裟となり、直ちに比丘尼となり、ついに阿羅漢果《あらかんか》を得た。これは、前生、迦葉仏の時、仏及び僧に一張の氎を布施した因縁によるものであった（撰集百縁経第八）。

3 **中有**《ちゅうう》　人が死んで次の生に生まれかわる中間の存在。早い人は最初の七日のうちに次の生にうつり、おそくとも七回目の七日、四十九日のうちに次の生に託胎する。

4 **善来得戒**《ぜんらいとくかい》　仏のみもとに行って出家を願う時、その願力が通じて、仏が「善来比丘」と言われると直ちに髪が落ち、袈裟が身につき、具足戒を得ること。「諸仏の常法、若《も》し善来比丘と称ずれば、便《すなわ》ち沙門を成ず。是の時に世尊、迦葉に告げて宣《のたま》はく、善来比丘、此の法微妙なり、善く梵行を修すべしと。是の時、迦葉及び五百の弟子の著くる所の衣裳尽《ことごと》く変じて袈裟と作《な》る。頭髪自ら落ち、剃髪して七日を経たるがごとし」（増一阿含十五）。

5 **衣裡**《えり》**の宝珠**《ほうしゅ》　『法華経』五百弟子受記品。一人の貧人が富裕な親友と出会って、ともに酒を飲み、酔って寝てしまった。富裕な友人は官用で長途の旅に出ることになったが、貧しい友が困らないように寝ているうちにその着物の裏に価もつけられないほど高価な宝珠を縫いつけておいた。貧人はそれを知らず、目がさめてからまた、艱難《かんなん》を続けた。後にその友と再会し、はじめて衣の裏に無価の宝珠のあったことを知る。富裕な友を釈尊にたとえ、自己に備わる真実は何不足ないことを宝珠にたとえる。

【解】

袈裟はたとい絹で作っても、木綿や麻で作っても、人間世界で評価する木綿や絹ではない。ここでは袈裟は人間本具の仏性の象徴なのである。衣とともに生まれ、衣は人の生長とともに大きくなり、出家すれば俗服は袈裟となる。われわれはみんな、袈裟が身につくように生まれついているのである。

十一　諸仏の袈裟の体《たい》・色《しき》・量《りょう》

諸仏の袈裟の体[1]・色・量の有量《うりょう》無量《むりょう》[2]、有相無相《うそうむそう》[3]、あきらめ参学すべし。西天東地、古往今来《こんらい》の祖師、みな参学正伝せるところなり。祖々正伝のあきらかにしてうたがふところなきを見聞《けんもん》しながら、いたづらにこの祖師に正伝せざらんは、その意楽《いぎょう》[4]ゆるしがたからん。愚癡《ぐち》のいたり、不信のゆゑなるべし。実をすてて虚《こ》をもとめ、本《もと》をすてて末をねがふものなり。これ如来を軽忽《きょうこつ》したてまつるならん。菩提心《ぼだいしん》[5]をおこさんともがら、かならず祖師の相伝を伝受すべし。われらあひがたき仏法にあひたてまつるのみにあらず、仏袈裟正伝の法孫《ほっそん》としてこれを見聞《けんもん》し、学習し、受持することをえたり。すなはちこれ如来をみたてまつるなり。仏説法をきくなり、仏光明にてらさるるなり、仏受用《ぶつじゅよう》を受用するなり。仏心[6]を単伝するなり、仏髄えたるなり。まのあたり釈迦牟尼仏の袈裟におほはれたてまつるなり。釈迦牟尼仏まのあたりわれに袈裟をさづけましますなり。ほとけにしたがふたてまつりて、この袈裟はうけたてまつれり。

【訳】

諸仏の袈裟の財体・色・寸法が有量であり無量であり、その相《かたち》が有相であり無相であることをはっきりさせ、師について学びなさい。西天インド、東地中国、古往《むかし》から今に至るまでの祖師が、みな師について学び、正伝されたところである。祖師から祖師へまっすぐ伝えられていることがはっきりしていて、疑わしい点は少しもないのを見聞きしながら、益もなくこの祖師からまっすぐ伝えていただこうとしないのは、その意楽《りょうけん》はゆるしがたいものであろう。愚痴《おろか》なかぎりであり、信じる心がないためであろう。真実を捨てて、中味のないものを求め、大本《おおもと》を捨てて末節を喜ぶものである。これは如来を軽忽《かろん》じたてまつるものであろう。菩提心を発《おこ》して（修行をする）人々は、何がなんでも祖師の正伝せられたところを伝授しなさい。

われわれはめったにあうことのできない仏法にあわせていただいたばかりでなく、仏袈裟を正伝した法の子孫として、これを見聞し、学習《まな》び、いただいて身につけることができた。とりもなおさずこれは如来にまのあたりお目にかかることである。仏の説法を聞くのである。仏の光明にてらされるのである、仏の受用《もち》いられたところを同じく受用《もち》いるのである。仏心を自らに伝えるのである。仏髄を得たのである。現実に釈迦牟尼仏の袈裟におおわれさせていただくのである。釈迦牟尼仏が現実にわたくしに袈裟をお授けあそばされるのである。仏から直接この袈裟は頂戴させていただいたのである。

【注】

1　**体・色・量**　財体は清浄の因縁で手に入れたものでなければならない。絹だ木綿だというせんさくはいらない。色は壊色《えしき》といって、純色でない色を用いる。量とは寸法で、大きすぎれば布の無駄づかいになる。小さすぎれば仏弟子の威儀に欠ける。そのための寸法のとり方は、本書一二〇頁以下に説かれている。すべて仏在世からのきまりがある。

2　有量無量《うりょうむりょう》　仏在世からのきまりがあるから有量である。しかし、その寸法は人により、布の都合により無限である。これを無量という。

3　有相無相《うそうむそう》　その相《かたち》は三と五の割合の長方形である。しかし、それをかけて修行する姿は一定したものはない。どのような形にもなる。無相である。

4　意楽《いぎょう》　楽は音ギョウ。ネガウという意味。

5　菩提心　名利《みょうり》にかかわらず真実に生きようとする心。そこから本当の修行が始まる。

6　仏心を単伝　仏心とは自己の本質である。自己から自己に伝えるもので、自己以外からもらうものではない。これを単伝という。

【解】

袈裟はただの衣裳ではなかった。仏を見、法を聞くことも、袈裟をかけるところにある。仏光明にてらされるといい、仏と同じ生活をするということも袈裟をかけるところにあった。仏心を単伝し、仏髄を得ることも袈裟をかけたところにあるのであった。この袈裟は誰の袈裟かといえば、自分個人のものではない。釈迦牟尼仏の袈裟を釈迦牟尼仏から直接いただいたということである。「ほとけにしたがふたてまつりて」は「従仏」の訓読語である。これが袈裟の信仰である。

十二　浣袈裟法《かんけさほう》

浣袈裟法

袈裟をたたまず、浄桶《じょうつう》[1]にいれて、香湯《こうとう》を百沸《ひゃくふつ》して、袈裟をひたして、一時ばかりおく。またの法、きよき灰水《かいすい》を百沸して、袈裟をひたして、湯のひややかになるをまつ。いまはよのつねに灰湯《かいとう》をもちゐる。灰湯、ここにはあくのゆといふ。灰湯さめぬれば、きよくすみたる湯をもて、たび〳〵これを浣洗するあひだ、両手にいれてもみあらはず、ふまず。あかのぞこほり、あぶらのぞこほるを期《ご》とす。そののち、沈香《じんこう》・栴檀香《せんだんこう》等を冷水に和してこれをあらふ。そののち浄竿《じょうかん》にかけてほす。よくほしてのち、摺襞《しゅうへき》してたかく安じて、焼香散華《しょうこうさんげ》して、右遶数匝《うにょうすそう》[2]して礼拝したてまつる。あるいは三拝、あるいは六拝、あるいは九拝して、胡跪合掌《こきがっしょう》[3]して、袈裟を両手にささげて、くちに偈《げ》[4]を誦《ず》してのち、たちて如法《にょほう》に著《じゃく》したてまつる。

【訳】

袈裟を浣《すす》ぐ法

袈裟を折りたたまないで、清浄な桶《たらい》に入れて、香木を煮出した湯を充分沸騰させて、袈裟をひたして約二時間ほどおく。別のやり方としては、清浄な灰水《あくのみず》をよく煮立たせて、袈裟をひたして、その湯がさめるのをまつ。現在は普通には灰湯《かいとう》を使う。「灰湯」は、日本語では「あくのゆ」という。灰湯がさめたら、清浄な、にごりのない湯で何回もこれをすすぎ洗いするが、その間、両手でつかんで揉《も》み洗うことはしない。足でふみ洗いすることもしない。垢がとれ、膩《あぶら》がすっかりおちるまですすぐ。それから、沈香《じんこう》とか栴檀香《せんだんこう》などを冷水にとかして、その水で洗う。

それから、清浄な竿《さお》にかけて干す。充分干してから折り目正しくたたんで、高い所にのせて、香をたき、お花の供養をし、袈裟のまわりを右にめぐること数回して礼拝申し上げる。あるいは三拝、あるいは六拝、あるいは九拝して、ひざまずき合掌して、袈裟を両手にささげ、口に大哉解脱服《だいさいげだっぷく》の偈《げ》をとなえてから、立って法の通りに着けさせていただく。

【注】

1 浄桶《じょうつう》 平生下着などに用いるものとは別にする。あとに出る浄竿も同じ。

2 右遶《うにょう》数匝《すそう》 仏のまわりを右にめぐること数回するのが、経文に出てくる最高の敬い方の一つ。ここでは袈裟を仏と同じに見て敬っている。

3 胡跪合掌《こきがっしょう》 右ひざをつき、左ひざは立てた形で正しく身をささえ、前方を見て合掌する。

4 偈《げ》 「大哉解脱服《だいさいげだっぷく》 無相福田衣《むそうふくでんえ》 披奉如来教《ひぶにょらいきょう》 広度諸衆生《こうどしょしゅじょう》」という袈裟頂戴の偈。

【解】

袈裟は一年中、仏道修行には欠かせない。夏は汗に汚れるのでどうしても洗わなければならない。その時は、平常下着なども洗う盥《たらい》や竿は避ける。ポリ盥とビニール紐を専用に用意しておくとよい。灰湯の代わりには、今風の洗剤でよいであろう。

十三 世尊大衆《だいしゅ》ニ告ゲテ言《のたま》ハク

[1]世尊大衆ニ告ゲテ言ハク、我レ往時《むかし》宝蔵仏ノ所《みもと》ニ在リシ時、大悲菩薩為《た》リ。爾《そ》ノ時ニ大悲菩薩摩訶薩《まかさつ》、宝蔵仏ノ前《みまえ》ニ在リテ発願《ほつがん》シテ言《もう》サク、「世尊、我レ成仏《じょうぶつ》シ已《おわ》ランニ、若《も》シ衆生有ッテ、我ガ法ノ中ニ入リテ、出家シテ袈裟ヲ著《じゃく》スル者ノ、或《ある》イハ重戒[2]ヲ犯《ぼん》シ、或イハ邪見[3]ヲ行ジ、若《も》シハ三宝ニ於テ軽毀《きょうき》シテ信ゼズ、諸《もろもろ》ノ重罪ヲ集メタラン比丘《びく》・比丘尼《びくに》・優婆塞《うばそく》・優婆夷《うばい》、若シ一念ノ中ニ恭敬心《くぎょうしん》ヲ生ジテ、僧伽梨衣《そうぎゃりえ》ヲ尊《そん》重《じゅう》シ、恭敬心ヲ生ジテ世尊或イハ法僧ニ於テ尊重セン。世尊、是《かく》ノ如クノ衆生、乃至《ないし》一人モ、三乗ニ於テ記莂《きべつ》ヲ受クルコトヲ得ズシテ而《しか》モ退転セバ、則チ為《これ》十方世界ノ無《む》量《りょう》無辺《むへん》阿僧祇《あそうぎ》等ノ現在ノ諸仏ヲ欺誑《ごおう》シタテマツルナリ。必定《ひつじょう》ジテ阿耨多羅三藐三菩《あのくたらさんみゃくさんぼ》提《だい》ヲ成ラジ。

世尊、我レ成仏シテヨリ已来《このかた》、諸《もろもろ》ノ天龍鬼神《きじん》、人《にん》及ビ非人《ひにん》[4]、若《も》シ能《よ》ク此ノ著袈裟《じゃくけさ》ノ者ニ於テ、恭敬《くぎょう》シ供養シ、尊重《そんじゅう》シ讃歎《さんだん》セン。其ノ人若シ此ノ袈裟ノ少分ヲ見ルコトヲ得バ、即チ三乗ノ中ニ於テ不退ナルコトヲ得ン。

若シ衆生有ッテ、飢渇ノ為ニ逼《せ》メラレン、若シハ貧窮《びんぐう》ノ鬼神、下賎ノ諸人、乃至餓《が》鬼《き》ノ衆生マデモ、若シ袈裟ノ少分ノ乃至四寸ヲ得タランニハ、即チ飲食《おんじき》充足スルコトヲ得ン。其ノ所願ニ随ヒテ疾《と》ク成就スルコトヲ得ン。

若シ衆生有ッテ、共ニ相違反《あいいほん》シ、怨賊《おんぞく》ノ想《そう》ヲ起シテ、展転闘諍《てんでんとうじょう》セン、若シハ諸《もろもろ》ノ天龍・鬼神《きじん》、乾闥婆《けんだつば》・阿修羅《あしゅら》・迦楼羅《かるら》・緊那羅《きんなら》・摩睺羅伽《まごらか》・狗辨荼《くはんだ》・毘舎遮《びしゃじゃ》・人及非人《にん》、共ニ闘諍セン時、此ノ袈裟ヲ念ゼバ、袈裟ノ力ニ依リテ、尋《つ》イデ悲心《ひしん》、柔輭《にゅうなん》ノ心《しん》、無怨賊《むおんぞく》ノ心、寂滅《じゃくめつ》ノ心、調伏《じょうぶく》ノ善心ヲ生ジテ、還《ま》タ清浄《しょうじょう》ナルコトヲ得ン。

人有ッテ若シ兵甲《ひょうこう》・闘訟《とうしょう》・断事《だんじ》ノ中ニ在ランニ、此ノ袈裟ノ少分ヲ持ッテ此ノ輩ノ中ニ至ラン、自護《じご》ノ為ノ故ニ、供養シ恭敬シ尊重《そんじゅう》セン、是ノ諸人等、能ク侵毀《しんき》・触《そく》嬈《にょう》・軽弄《きょうろう》スルコト無ケン。常ニ他ニ勝ツコトヲ得テ、此ノ諸難ヲ過ギン。

世尊、若シ我ガ袈裟ノ、是《かく》ノ如クノ五事ノ聖功徳《しょうくどく》ヲ成就《じょうじゅ》スルコト能《あた》ハズハ、則チ為《これ》十方世界ノ無量無辺阿僧祇《あそうぎ》等ノ現在シタマフ諸仏ヲ欺誑《ごおう》シタテマツルナリ。未来ニ応《まさ》ニ阿耨多羅三藐三菩提《あのくたらさんみゃくさんぼだい》ヲ成就シ、仏事ヲ作《な》スベカラズ。善法ヲ没失《もっしつ》シ、必定《ひつじょう》ジテ外《げ》道《どう》ヲ破壊《はえ》スルコト能《あた》ハジ」。

善男子《ぜんなんし》、爾《そ》ノ時ニ宝蔵如来、金色《こんじき》ノ右臂《うひ》ヲ申《の》ベテ、大悲菩薩ノ頂《いただき》ヲ摩《な》デテ讃《ほ》メテ言《のたま》ハク、「善哉善哉《ぜんざいぜんざい》、大丈夫《だいじょうぶ》、汝ガ所言《しょごん》ハ、是レ大珍宝ナリ、是レ大賢善《だいけんぜん》ナリ。汝、阿耨多羅三藐三菩提ヲ成ジ已《おわ》ランニ、是ノ袈裟服ハ、能ク此ノ五聖功徳ヲ成就シテ大利《だいり》益《やく》ヲ作《な》サン」。

善男子、爾《そ》ノ時ニ大悲菩薩摩訶薩、仏ノ讃歎《さんだん》シタマフヲ聞キ已《おわ》リテ、心ニ歓喜《かんぎ》ヲ生ジ、踊躍《ゆやく》スルコト無量ナリ。因《ちな》ミニ仏《ほとけ》此ノ金色《こんじき》ノ臂《ひ》ヲ申《の》ベタマフニ、長作合縵《ちょうさごうまん》ナリ。其ノ手ノ柔軟《にゅうなん》ナルコト、猶《な》ホ天衣《てんえ》ノ如ク、其ノ頭《こうべ》ヲ摩《な》デ已ルニ、其ノ身即チ変ジテ、状《かたち》[5]僮子二十歳バカリノ人ノ如シ。

善男子、彼《か》ノ会《え》ノ大衆《だいしゅ》、諸天・龍神・乾闥婆《けんだつば》、人及非人《にんぎゅうひにん》、叉手《しゃしゅ》シ恭敬《くぎょう》シ、大悲菩薩ニ向ヒテ種々ノ華《け》ヲ供養シ、乃至《ないし》伎楽《ぎがく》シテ之ヲ供養シ、復《ま》タ種々ニ讃歎シ已リテ、黙念《もくねん》トシテ住セリ。

【訳】

世尊が修行の弟子たちに告げて言われた。わたしがその昔宝蔵仏の御もとにあった時は、大悲菩薩という菩薩であった。その時、大悲菩薩摩訶薩は、宝蔵仏の御前において誓願をおこして言った。「世尊よ、わたくしが成仏したとして、もし、衆生がわたくしの法の中に入って出家し、袈裟を着用する者があったとします。その者があるいは十重禁戒を犯し、あるいは邪見を行ない、あるいは仏法僧の三宝において軽んじ毀《そし》って信ぜず、多くの重罪をとりあつめているような比丘・比丘尼・優婆塞《うばそく》・優婆夷《うばい》でも、もし、一瞬の間でも、恭敬《うやまい》の心をおこして僧伽《そうぎゃ》梨《り》九条衣を尊重し、恭敬の心をおこして世尊あるいは法、僧を尊重したとします。世尊よ、このような衆生が、そのうち一人でも、声聞乗《しょうもんじょう》・縁覚乗《えんがくじょう》・菩薩乗において、成仏するたしかな保証を仏からいただくことがなく、しかも現在至った境地からあともどりするならば、とりもなおさず十方世界の無量無辺の数えきれない多くの今現においでの仏を欺誑《あざむ》くことになります。その時は、わたくしは決して阿耨多羅三藐三菩提《あのくたらさんみゃくさんぼだい》といわれる無上菩提を成就いたしますまい。（第一）

世尊よ、わたくしが成仏して後は、諸の天・龍・鬼神・人及び非人《ひにん》（八部衆）は、もしこの袈裟を着用することのできた人については恭敬《うやま》い、供養し、尊重し、讃歎《ほめたた》えるでしょう。その人が、もしこの仏の袈裟の一部分でも見ることができたら、その場で声聞乗・縁覚乗・菩薩乗においてあともどりすることがないでしょう。（第二）

もし衆生で、飢えと渇《かわ》きに迫られる人があり、もしくは貧しさにあえぐ鬼神や下賤の諸人、ひいては餓鬼道の衆生が、もし袈裟の一部分、小にしては四寸ばかりでも手に入れたら、すぐさま飲むもの、食べるものが充分満足できるでしょう。それぞれの願うところに随って、直ちに願いがかなえられるでしょう。（第三）

もし、互いに心が合わず、うらみをいだき危害を加えるものと思い合い、次から次へと闘《たたか》い諍《あらそ》う衆生があり、もしくは諸の天・龍・鬼神・伎楽神《ケンダツバ》・戦闘神《アシュラ》・金翅鳥《カルラ》・歌神《キンナラ》・大胸腹行《マゴラガ》・冬瓜陰鬼《クハンダ》・食血肉鬼《ビシャシャ》・人及び非人が一緒になって闘い諍う時、この袈裟に思いをいたすと、袈裟の力によって、すぐに悲心（相手の苦をのぞこうとする心）、柔輭《にゅうなん》の心（やわらかくやさしい心）、無怨賊心（うらみをいだかず、危害を加えない心）、寂滅《さとり》の心、調伏（煩悩の全くない）の善心をおこし、清浄になることを得るでしょう。（第四）

もし軍陣・闘訟《あらそい》・裁判沙汰の中にある人が、この袈裟の一部分を持って、こうした中に行き、自分の護りのために、供養し、恭敬《うやま》い、尊重することがあったとします。これらの人々は侵害され、あるいは、やたらと手を触れもてあそばれ、軽んじられることがないでしょう。いつでも相手に勝つことができて、これらの多くの難をのがれるでしょう。（第五）

世尊よ、もしわたくしの袈裟がこのような五つの聖功徳《しょうくどく》を成就することができないなら、それは直ちに十方世界無量無辺の数限りなく現においでの諸仏を欺誑《あざむ》くことになります。未来にも阿耨多羅三藐三菩提を成就して仏としての説法、化導をなすことができないでしょう。ましてや仏としてのよきことを失い、外道を破壊することは絶対にできないでしょう」。

善男子よ、その時、宝蔵如来は、金色の右の臂《ひじ》をさしのべて、大悲菩薩の頭をなでて、讃《ほ》めて言われた。「善いかな、善いかな、立派な男子よ、おまえの言うところは大珍宝である、大賢善である。おまえが阿耨多羅三藐三菩提を成就したあかつきには、この袈裟服は、よく五つの聖功徳を成就して、大利益をなすであろう」。

善男子よ、その時大悲菩薩摩訶薩は、仏の讃歎《ほめたた》えたもうのを聞いて、心に歓喜を生じ、踊躍《おどりあが》ること無量であった。仏がその金色の臂をさしのべられるのを見ると、指の間は長く縵《うすぎぬ》を張ったようであった。その御手の柔輭《やわらか》いことは天人の衣のようであった。菩薩の頭をなでられたことによって、その身のかたちは変じて、十五歳か二十歳の人のようになった。

善男子よ、その時の会《あつまり》にいた修行の弟子たち、諸天・龍神・伎楽神《ケンダツバ》その他の人及び非人は、手を胸の前に組んで恭敬《うやま》い、大悲菩薩に向かって種々の華を供養し、さらに歌舞・音楽をかなでて供養した。またさまざまに讃嘆《ほめたた》えてから、一同黙《しず》まって立っていた。

【注】

1　**世尊大衆《だいしゅ》に告げて**　『悲華経《ひけきょう》』巻第八諸菩薩授記品。『悲華経』は十巻、北梁の時、曇無讖《どんむしん》の訳したものである。この話は釈尊が王舎城耆闍崛山《ぎしゃくっせん》にあって説法せられた時、寂意菩薩が、諸仏は浄土にあって法を説かれるのに、釈尊はどうしてこの五濁悪世《ごじょくあくせ》の穢土《えど》に出現して三乗の法を説かれるのかという質問をしたところから始まる。釈尊は前生譚によって、穢土において成仏して法を説くことが比類なき仏の大悲の本願によるものであることを説かれる。

過去無量阿僧祇劫《あそうぎこう》に、刪提嵐国《サンティラナ》に無諍念《むじょうねん》という王がいて千人の子があった。その大臣に宝海という人がいて八十人の子があった。大臣の一子が出家して阿耨菩提《あのくぼだい》を成じ、宝蔵如来と号した。如来が遊行《ゆぎょう》して無諍念の国に来られた時、王および宝海はその子や眷属をひきいて仏の所に到り、仏および比丘僧に無量の供養をし、宝海は王をはじめ無量の人々に菩提心を発《おこ》させた。宝蔵如来はこれらの人々が不退転の位に至ったのを見て、授記《じゅき》（成仏の保証）を与えようとされた。宝海は人々に誓願をおこして仏土を取るように勧める。

そこで無諍念王は清浄の仏土を取り、悪趣の衆生のいない世界において法を説き衆生を済度しようという誓願を立てる。宝蔵如来はそれによって王の名を無量清浄と改め、将来安楽国において無量寿仏となるべき授記を与える。王の千子もまた浄土において成仏して衆生済度をする願を立てて授記を得る。

宝海の八十子および宝海の弟子三億人も、穢土において成仏して衆生済度をしようという誓願をおこす。三億人のうちの千人は、特に娑婆（忍土《にんど》）の過去劫に成仏することを誓願する。千人のうちの一人婆由比紐は特に三毒重厚の賢劫《けんごう》（現劫）に出現して、衆生済度をすることを誓って成仏の記莂を得る。

このようにして最後に、宝海梵志は五百の大願をおこして悪世成仏を願い、如来はその大悲の願力を讃嘆して未来世に娑婆世界に成仏して釈迦牟尼仏となるという授記を与えられた。その五百の大願の中に、袈裟の五聖功徳があったのである。

2　**重戒**　十重禁戒。不殺・不盗・不婬・不妄語・不酤酒・不説過・不自讃毀他・不慳・不瞋・不謗三宝の十。これを犯せば波羅夷《はらい》罪といって、僧団追放の罪となる。

3　**邪見**　五見の一。因果の道理を無視する妄見。

4　**非人**　天龍等の八部衆（天・龍・夜叉・乾闥婆・阿修羅・迦楼羅・緊那羅・摩睺羅伽）その他、人ではないが仏のもとに法を聴きに来る時には人の形をとって来るものをいう。

5　**僮子《どうじ》**　十五歳未満の少年。

【解】

『悲華経』は浄土信仰が盛んになった時、阿弥陀の浄土が理想的に描かれているのに対して、わが釈迦牟尼仏の出世せられた娑婆世界は飢餓・戦争・裁判沙汰など、あらゆる悪いことがあり、人間は貪瞋癡《とんじんち》のかたまりのようである。どうしてそんなところに釈迦牟尼仏は出世し成道されたのか。実は、仏としては浄土でぬくぬくと、いわば優等生だけを相手に法を説くのは楽なのだ。そういう結構な浄土に救い取られることもできない最悪の人間たちのために、穢土そのままに法を説き菩提心を発《おこ》させ、済度するのが本当の仏の大悲というものであるということを説いている。

刪提嵐国《サンティラナ》の無諍念王《むじょうねんおう》は大臣宝海の勧めにより、宝海の一子が出家して仏となった宝蔵仏のところで誓願を立てて、将来安楽国で阿弥陀如来となるべき授記を受ける。浄土信仰の中心にある阿弥陀仏も、いわば宝海梵志（釈迦の前世）の一子宝蔵如来の授記を得た、もとをただせば釈迦牟尼世尊がさきにあったのだと言っているようである。

無諍念王の千子の中には、観世音・得大勢・文殊師利・普賢《ふげん》・阿閦《あしゅく》等に名を改めて授記を得る人々がいる。宝海の三億の弟子の中から毘婆尸仏《びばしぶつ》・尸棄仏《しきぶつ》・毘尸沙婆仏《びししゃばぶつ》（以上は過去劫出現の仏）、拘留孫仏《くるそんぶつ》・迦那迦牟尼仏《かなかむにぶつ》・迦葉仏《かしょうぶつ》（現劫出現の仏）、弥勒仏《みろくぶつ》・楼至仏《ろうしぶつ》（釈尊以後出世の仏）がいる。要するにすべての仏は、釈尊の前生である宝海梵志、大悲菩薩の教えによって成仏したのであると言うのである。そして宝海梵志は、これらの諸仏の浄土に洩れた極悪の衆生を助けようとして、五百の大願をおこす。阿弥陀の誓願が念仏衆生摂取不捨《せっしゅふしゃ》であるのに対して、釈迦牟尼仏においては、袈裟が三乗において不退転に至り、成仏する保証となる。

五聖功徳の原文は読みづらいところがある。「伝衣」巻にその要約があるのであげておこう。

一、若《も》し衆生有って、我が法の中に入って、或いは重罪を犯し、或いは邪見に堕ちんに、一念の中に於て、敬心《きょうしん》もて僧伽梨衣《そうぎゃりえ》を尊重《そんじゅう》せば、諸仏及び我れ、必ず三乗に於て授記せん。此の人当《まさ》に作仏することを得べし。

二、若しは天、若しは龍、若しは人《にん》、若しは鬼《き》、若し能《よ》く此の人の袈裟少分の功徳を恭敬《くぎょう》せば、即ち三乗の不退不転を得ん。

三、若し鬼神及び諸《もろもろ》の衆生有って、能《よ》く袈裟を得ること、乃至四寸もせば、飲食《おんじき》充足せん。

四、若し衆生有って、共に相違反し、邪見に堕《お》ちんと欲《せ》んに、袈裟の力を念じ、袈裟の力に依らば、尋《つ》いで悲心を生じ、還得《げんとく》清浄ならん。

五、若し人有って兵陣《ひょうじん》に在らんに、此の袈裟の少分を持《たも》ちて、恭敬尊重せん、当《まさ》に解脱を得べし。

「伝衣」巻ではこのような要約であったものを、「袈裟功徳」巻では、『悲華経』からその全文が引用されているのである。

前段の商那和修《しょうなわしゅ》尊者や鮮白比丘尼《せんびゃくびくに》は前生に善根を積んでこの世に衣とともに生まれるという善果を得た人々であった。しかし、この五聖功徳に説かれる人々は、そんなよい身分ではない。たまたま釈迦牟尼仏の法の中で出家しても重戒を破り、邪見を行ない、三宝を軽んじ、重罪ばかり身についた仏弟子が、一念の間でも僧伽梨衣を恭敬《うやま》う心をおこして大切にすると、三乗において授記を得、不退転の位に至る。人間の身分に生まれることもできなかった天とか龍とか鬼神とかいう人間でない人々まで、お袈裟を着けた人を見て供養し尊重《たっと》び、お袈裟の一部分でも見ることができると、三乗の中で不退転の位に至る。

たまたま人間に生まれても食べる物にも飲む物にも恵まれない、鬼神でも貧窮であり、下賤である、または餓鬼道に生まれた衆生が四寸四方の袈裟を手にすることができれば、飲食充足し、下賤貧窮からのがれられる。人々が戦い、人間とも思えない天・龍・鬼神・伎楽神《ケンダツバ》・戦闘神《アシュラ》・金翅鳥《カルラ》・歌神《キンナラ》・大胸腹行《マゴラガ》・冬瓜陰鬼《クハンダ》・食血肉鬼《ビシャシャ》といった恐ろしい形のものが入り交じって戦う中で、お袈裟のことを念じると、とたんに思いやりのあるやさしい心、よく調えられて他人を害することなど全くない心になって平穏になる。

さらに、戦争や訴訟や裁判沙汰で利害対立したまっただ中にあっても、お袈裟の一はしでも持って、しかも自分の身を守りたいばっかりに、お袈裟を供養し大切にする。そこには何ら高尚な信仰心があるわけではない。それでも、この自己の利益のほか顧みるもののないと思われる人々が、むやみとこの袈裟を持った人々を勝手にもてあそんだり、からかったりしない。それどころか、必ず相手をやっつけてこの苦難からのがれることができるという。

ここでは、お袈裟を持ち、お袈裟に頼る本人は、何のすぐれたこともしたこともないような人々である。それでもお袈裟はその人を守り、難をのがれさせ、平穏な心を取り戻させる。こんな一方的な救いの力が、釈迦牟尼仏の袈裟には備わっている。もしこの力がないならば、釈迦牟尼仏は釈迦牟尼仏として成道することがないというのである。そして、宝蔵如来は金色の右臂をのべて、大悲菩薩と名を改めた宝海梵志の頭をなでてそれを証明される。釈迦牟尼仏の袈裟の功徳を、最も美しく説き示した文章である。

如来在世より今日にいたるまで、菩薩[1]・声聞《しょうもん》の経律《きょうりつ》のなかより、袈裟の功徳をえらびあぐるとき、かならずこの五聖功徳《ごしょうくどく》をむねとするなり。

まことにそれ、袈裟は三世諸仏の仏衣なり。その功徳無量なりといへども、釈迦牟尼仏の法のなかにして袈裟をえたらんは、余仏の法のなかにして袈裟をえんにもすぐれたるべし。ゆゑいかんとなれば、釈迦牟尼仏むかし因地《いんじ》のとき、大悲菩薩摩訶薩として、宝蔵仏のみまへにて五百大願《だいがん》をたてましますとき、ことさらにこの袈裟功徳におきて、かくのごとく誓願《せいがん》をおこしまします。その功徳、さらに無量不可思議なるべし。

しかあればすなはち、世尊の皮肉骨髄《ひにくこつずい》いまに正伝《しょうでん》するといふは袈裟なり。正法眼蔵

を正伝する祖師、かならず袈裟を正伝せり。この衣を伝持《でんじ》し頂戴《ちょうだい》する衆生、かならず二三生のあひだに得道せり。たとひ戯笑《けしょう》のため利益《りやく》のために身に著《じゃく》せる、かならず得道因縁なり。

【訳】

如来在世から今日に至るまで、菩薩・声聞の経律の中から、袈裟の功徳をえらびあげる時は、必ずこの五つの聖功徳《しょうくどく》を第一とするのである。

まことに、袈裟は三世諸仏の仏衣《ぶつえ》である。その功徳は無量であるが、釈迦如来の法の中で袈裟を得たのは、他の仏の法の中で袈裟を得るよりもすぐれているはずである。なぜかといえば、釈迦牟尼仏が、昔、まだ仏になるための修行中であった時、大悲菩薩摩訶薩として、宝蔵仏の御前で、五百の大願をお立てあそばされた時、わざわざ、この袈裟の功徳において、このような誓願をお発《おこ》しあそばされた。その功徳はいっそう無量不可思議であるはずである。

ということであるから、釈迦牟尼世尊の皮肉骨髄を今に正伝《しょうでん》するというのは袈裟である。正法眼蔵を正伝する祖師は、必ず袈裟を正伝している。この衣を伝えたもち、頭《けさ》にいただいて敬う衆生は、二生《しょう》、三生の間に得道している。よしんば戯笑《たわむれ》のため、自分の利益のために身に着けたとしても、間違いなく得道の縁結びとなっている。

【注】

1　**菩薩・声聞《しょうもん》**　菩薩は大乗、声聞は小乗といわれるが、道元禅師のところでは、大乗に対立する小乗はない。

【解】

諸仏には必ず袈裟がある。しかし釈迦牟尼仏の袈裟には、これだけの誓願がこめられている。この誓願が真実でないなら、釈迦牟尼仏の出世はないのである。われわれが釈迦牟尼仏の出世を見ている限り、この袈裟の信仰は生きているのである。そして釈迦牟尼仏の袈裟は現在にまで正伝している。「無量不可思議」である。

「世尊の皮肉骨髄いまに正伝するといふは袈裟なり」――この一句は、「袈裟功徳」一巻の眼目である。釈迦牟尼仏が今日現在に皮肉骨髄をもって出現するのは、袈裟のあるところである。袈裟をかけたところに、釈尊と同じ仏道の行がある。仮にそんなことは何一つ知らず、ただの衣裳として、たわむれに袈裟をかけても、袈裟の功徳はその人を第三生に得道に導く。かくて、話は次の蓮華色比丘尼《れんげしきびくに》の本生譚へと続いていく。

十四　龍樹祖師《りゅうじゅそし》曰《いわ》ク

[1]龍樹祖師曰ク、復《ま》タ次ニ仏法ノ中ノ出家人ハ、破戒《はかい》シテ堕罪《だざい》スト雖《いえど》モ、罪畢《おわ》リヌレバ解脱ヲ得ルコト、優鉢羅華比丘尼本生経《うはつらけびくにほんしょうきょう》ノ中ニ説クガ如シ。

仏在世ノ時、此ノ比丘尼、[2]六神通阿羅漢《ろくじんずうあらかん》ヲ得タリ。貴人《きにん》ノ舎《いえ》ニ入リテ、常ニ出家ノ法ヲ讃《ほ》メテ、諸《もろもろ》ノ貴人婦女《ぶにょ》ニ語リテ言《いわ》ク、「姉妹《しまい》、出家スベシ」。

諸ノ貴婦女《きぶにょ》言ク、「我等少壮《わか》クシテ容色《かたち》盛美ナリ、持戒ヲ難《かた》シト為ス、或イハ当《まさ》ニ破戒スベシ」。

比丘尼言ク、「戒ヲ破ラバ便《すなわ》チ破《は》スベシ、但《た》ダ出家スベシ」。

問ウテ言ク、「戒ヲ破ラバ当《まさ》ニ地獄ニ堕《だ》スベシ、云何《いかん》ガ破スベキ」。

答ヘテ言ク、「地獄ニ堕サバ便チ堕スベシ」。

諸ノ貴婦女、之ヲ笑ッテ言ク、「地獄ニテハ罪受ク、云何ガ堕スベキ」。

比丘尼言ク、「我レ自ラ本宿命《ほんしゅくみょう》ノ時ヲ憶念《おくねん》スルニ、戯女《けにょ》ト作《な》リ、種々ノ衣服《えぶく》ヲ著《じゃく》シテ[3]旧語ヲ説キキ。或ル時比丘尼衣《びくにえ》ヲ著シテ、以テ戯笑《けしょう》ヲ為《な》シキ。是ノ因縁ヲ以テノ故ニ、[4]迦葉仏《かしょうぶつ》ノ時、比丘尼ト作《な》リヌ。時ニ自《みずか》ラ貴姓端正《きしょうたんじょう》ナルヲ恃《たの》ンデ憍慢《きょうまん》ヲ生ジ、而《しか》モ禁戒ヲ破リツ。禁戒ヲ破リシ罪ノ故ニ、地獄ニ堕シテ種々ノ罪ヲ受ケキ。受ケ畢竟《おわ》リテ釈迦牟尼仏ニ値《あ》ヒタテマツリテ出家シ、六神通阿羅漢道《ろくじんずうあらかんどう》ヲ得タリ。

是レヲ以テノ故ニ知リヌ。出家受戒セバ、復《ま》タ破戒スト雖モ、戒ノ因縁ヲ以テノ故ニ、阿羅漢道ヲ得《う》。若《も》シ但《た》ダ悪ヲ作《な》シテ戒ノ因縁ナカランニハ、道ヲ得ザルナリ。我レ乃《すなわ》チ昔時《そのかみ》、世々《せぜ》ニ地獄ニ堕シ、地獄ヨリ出デテハ悪人為《た》リ。悪人死シテハ還《ま》タ地獄ニ入リテ、都《すべ》テ所得無カリキ。今《いま》以テ証知ス、出家受戒セバ、復《ま》タ破戒スト雖モ、是ノ因縁ヲ以テ道果ヲ得《う》ベシトイフコトヲ」。

【訳】

龍樹祖師が言われる。

また次に、仏法の中の出家人は、破戒して罪に堕《お》ちても、罪を受けおわると解脱を得ることは、『優鉢羅華比丘尼本生経《うはつらけびくにほんしょうきょう》』の中に説く通りである。

仏在世の時に、この比丘尼は六神通阿羅漢果《ろくじんずうあらかんか》を得た。貴族の家に行っては、いつも出家の法を讃《たた》えた。多くの貴族の婦人たちに語って言った、「姉妹《あなたがた》、出家しなさい」。

多くの貴婦人たちは言う、「わたしたちは若くて美しいんですもの、戒律を守ることができないでしょう。きっと破戒しますわ」。

比丘尼が言う、「破戒するならしたらいいでしょう、とにかく出家しなさい」。

たずねて言う、「破戒したら地獄に落ちなければなりませんもの、どうして破ることができましょう」。

答えて言う、「地獄に落ちるなら落ちたらいいでしょう」。

多くの貴婦人たちは笑って言った、「地獄に落ちたら罪を受けますもの、どうして地獄に落ちられましょう」。

比丘尼が言う、「わたしが、自分の前生を思ってみますと、ある時、戯女《あそびめ》となって、いろいろの衣裳をつけて昔物語を語っていました。ある時、比丘尼の袈裟を着けて、戯笑《おどけ》て見せました。これが因縁となって、迦葉仏の時に比丘尼になりました。その時、自分が高貴の出で、みめうるわしいのをほこって、憍慢《たかぶ》る心をおこし、禁戒を破りました。禁戒を破った罪のために、地獄に落ちてさまざまの罪を受けました。罪を受けおわって、釈迦牟尼仏にお目にかかって出家し、六神通阿羅漢果の道《さとり》を得ました。

これでわかります、出家し受戒すると、破戒したとしても、戒の因縁によって阿羅漢の道《さとり》を得ます。もし、ただ悪を作るばかりで、戒の因縁が無ければ、道を得ることはないのです。わたしは過去世では、何生も何生も地獄に落ちました。地獄から出ては悪人となりました。悪人が死ぬとまた地獄に入りました。全く何の得るところもなかったのです。今、この話から、証《あかし》とともに知ることは、出家し、受戒すれば、破戒したとしても、この因縁によって道果が得られるのです」。

【注】

1　龍樹祖師曰ク云々　『大智度論』十三。

2　六神通阿羅漢　六神通は神境通・他心通・天眼通・天耳通・宿命通・漏尽通。阿羅漢は煩悩を断じてさとりを得、さらに学ぶべきことのない位。道元禅師は「学仏道の極果」と言う。

3　旧語を説く　『平家物語』とか、『太平記』とか義太夫とか、皆昔物語が芸能となっている。

4　迦葉仏《かしょうぶつ》　釈迦牟尼仏以前にこの世に出現された過去七仏の第六番目。人の平均寿命が二万歳の時に世に出たという。

【解】

さきの『悲華経』の五聖功徳でも、袈裟で救われるのは最低最悪の衆生であった。蓮華色《れんげしき》の前生は遊芸で身を立てる女であった。それが衣裳の趣向に窮して比丘尼の袈裟をかけて見せた。道心の一かけらもあったとは思えない。しかし、その因縁によって第三生に釈迦牟尼仏に会いたてまつり、出家して大阿羅漢となる。因はまことに粗末であるが、果は素晴らしい。

『増一阿含《ぞういつあごん》』には「神足第一にして諸神を感知することは優鉢羅華色比丘尼《うはつらけしきびくに》是れなり」と言われている。『四分律《しぶんりつ》』五『五分律』四等によれば、彼女は王舎城の人、初め鬱禅国人と結婚し一女を得たが、母と夫が通じているのを見て家を出て波羅那城に至った。その地の長者が彼女を妻としたが、商用で鬱禅国に行った時、蓮華色の一女をそれと知らずめとって連れ帰った。蓮華色はその女を愛していたが、その出身を知るや家を出、羅閲国の竹園精舎《ちくおんしょうじゃ》に至って仏を拝して出家したという。

道元禅師は、そういう話は全くなさらない。われわれもそういうことは大した問題ではない。ただ、彼女が非常に美しい人であり、しかし非常に苦労した人であったことは確かである。その蓮華色が大阿羅漢となり、貴族の婦人たちに法を説く時のきまり文句は「出家しなさい」であった。

当時の世界の先進国で、栄養は足りて気候はいいインドの人々に、最も守り難いのが婬戒であったであろう。彼女たちも自覚している。「とても守れません。破戒すれば地獄に落ちるでしょう」。蓮華色は言う、「地獄に落ちるなら落ちればいい。ただ出家しなさい」。貴婦人たちは、もう笑い出してしまう。

しかし、蓮華色は自分の本生譚を持ち出して説く。自分が前生に戯女《たわれめ》であった――これは恐らく、彼女が夫の家を離れ、漂泊した時の経験であったかもしれない――戯《たわむ》れに袈裟をかけたその時、信心も自覚もなかったが、仏衣に蔽《おお》われたという事実は後に竹園精舎で仏を拝し、出家して大阿羅漢になる因縁となった。

「我れ乃《すなわ》ち昔時《そのかみ》、世々《せぜ》に地獄に堕し、地獄より出でては悪人為《た》り。悪人死しては還《ま》た地獄に入りて、都《すべ》て所得無かりき」。地獄に落ちた者は、二度と地獄に落ちたくないと思う。誰が地獄に落ちたいと思うものか。しかし身に積もる因縁は、またしても地獄に落ちる業《ごう》を作ってしまう。何の得もないのに、地獄の業を作って地獄に落ちる。それが人間の姿である。そこに一たび出家して受戒するということがあると、いったんは地獄に落ちても、また人間に生まれて仏に出会い、大阿羅漢にまでもなる。そのきっかけは、戯れにでもいい、袈裟に出会うことだというのである。「復《ま》た破戒すと雖《いえど》も、是の因縁を以て道果を得べし」。蓮華色の説得力は確かである。

道元禅師もそれを讃嘆される。

この蓮華色阿羅漢《れんげしきあらかん》得道の初因《しょいん》、さらに他の功《くう》にあらず、ただこれ袈裟を戯笑《けしょう》のためにその身に著《じゃく》せし功徳によりて、いま得道せり。二生に迦葉仏の法にあふたてまつりて比丘尼となり、三生に釈迦牟尼仏にあふたてまつりて大阿羅漢となり、三明六通《さんみょうろくずう》を具足せり。三明とは、天眼《てんげん》・宿命《しゅくみょう》・漏尽《ろじん》なり。六通とは、神境通《じんきょうつう》・他心通《たじんずう》・天眼《てんげん》通《ずう》・天耳通《てんにつう》・宿命通《しゅくみょうつう》・漏尽通《ろじんずう》なり。

まことにそれただ作悪人《さあくにん》とありしときは、むなしく死して地獄にいる。地獄よりいでてまた作悪人となる。戒の因縁あるときは、禁戒を破して地獄におちたりといへども、つひに得道の因縁なり。いま戯笑のため袈裟を著せる、なほこれ三生に得道す。いはんや無上菩提のために清浄《しょうじょう》の信心をおこして袈裟を著せん、その功徳、成就せざらめやは。いかにいはんや一生のあひだ受持したてまつり、頂戴したてまつらん功徳、まさに広大無量なるべし。

もし菩提心をおこさん人、いそぎ袈裟を受持頂戴すべし。この好世にあふて仏種をうゑざらん、かなしむべし。[1]南洲の人身《にんじん》をうけて、釈迦牟尼仏の法にあふたてまつり、仏法嫡々《ぶっぽうちゃくちゃく》の祖師にむまれあひ、単伝直指《たんでんじきし》の袈裟をうけたてまつりぬべきを、むなしくすごさん、かなしむべし。

いま袈裟正伝は、ひとり祖師正伝これ正嫡《しょうちゃく》なり、余師のかたをひとしくすべきにあらず。相承なき師にしたがふて袈裟を受持する、なほ功徳甚深《くどくじんじん》なり。いはんや嫡々面授しきたれる正師に受持せん、まさしき如来の法子法孫《ほっしほっそん》ならん。まさに如来の皮肉骨髄を正伝せるなるべし。おほよそ袈裟は、三世十方の諸仏正伝しきたれること、いまだ断絶せず。十方三世の諸仏菩薩、声聞縁覚《しょうもんえんがく》、おなじく護持しきたれるところなり。

【訳】

この蓮華色阿羅漢比丘尼が得道するに至る最初の因縁は、決してほかの功徳ではない。ただこれは袈裟を戯笑《おどけ》のためにその身に着けた功徳によって、今生《こんじょう》に得道したのである。第二生《しょう》には迦葉仏の法にお会い申し上げて比丘尼となり、第三生に釈迦牟尼仏にお会い申し上げて大阿羅漢となり、三明《さんみょう》・六通《ろくずう》を具足した。三明とは、天眼明・宿命明《しゅくみょう》・漏尽明《ろじん》である。六通とは、神境通・他心通・天眼通・天耳通・宿命通・漏尽通である。

まことに、ただ悪を作る人であった時は、益もなく死んで地獄に入った。地獄から出てまた悪を作る人となった。授戒の因縁がある時は、禁戒を破って地獄に落ちたとしても、しまいには得道する縁結びである。ここで戯笑《おどけ》のために袈裟を着けたのが、それでもやはり第三生に得道した。ましてや無上菩提のために、清浄の信心をおこして袈裟を着けたならば、その功徳は成就しないはずがない。それどころか、一生の間いただいて身につけ申し上げ、頭にのせて敬い申し上げる功徳は、まさに広大無量であろう。

もし、菩提心をおこそうとする人は、急いで袈裟をいただいて身につけ、頭にのせて敬いなさい。この結構な世にめぐり会って、仏の種子をうえつけないのは、かなしむべきことである。南瞻浮洲《なんせんぶしゅう》に人間の身を受けて、釈迦牟尼仏の法に会い申し上げ、仏の法の正統なあとつぎである祖師と同じ代に生まれ合わせ、自身に伝えられた真実を直接に指《しめ》す袈裟をいただき申し上げることもできるのに、何もしないで一生をすごすのは、かなしむべきことである。

現今、袈裟がまっすぐ伝わっているのは、ただ祖師の正伝されたものばかりで、これこそが、正統なあとつぎである。ほかの法師が肩を並べることのできるものではない。正伝の受け伝えがない師について袈裟をいただいて身につけても、やはり袈裟の功徳は甚深《じんじん》である。ましてやすじめ正しい法のあとつぎとして、面《まのあた》り授けられてきた正しい師匠からいただいて身につけるのは、まぎれもない如来の法の子、法の孫であろう。本当に如来の皮肉骨髄を正伝しているということであろう。おしなべて袈裟は、三世十方の諸仏がまっすぐ伝えてこられて、断絶したことがない。十方三世の諸仏菩薩、声聞縁覚、同じく大切に守って身につけてきたところである。

【注】

1 **南洲**　南瞻浮洲《なんせんぶしゅう》。須弥山の周囲には、北倶盧洲《ほくぐるしゅう》・東勝身洲《とうしょうしんしゅう》・西牛貨洲《さいごかしゅう》・南瞻浮洲があるが、中で最も仏道の志をおこして修行するによいのが南瞻浮洲であるので、釈迦牟尼仏も南瞻浮洲に出世された。

【解】

「弁道話」にも、「仏在世にも、てまりによりて四果を証し、袈裟をかけて大道をあきらめし、ともに愚暗のやから、癡狂《ちきょう》の畜類なり。ただし、正信《しょうしん》のたすくるところ、まどひをはなるるみちあり」と言われる。蓮華色の話は、仏法に入る道の最初は、人間のはからいと関係のないことを示している。しかも、その果の素晴らしいこと、目を見張るばかりである。

「まことにそれただ作悪人《さあくにん》とありしときは、むなしく死して地獄にいる。地獄よりいでてまた作悪人となる」人間の流転の姿は、自分ではとめようとしてとどまるものではない。しかし、いったん袈裟にめぐり会い、その因縁で出家して戒を受けると、戒を犯して地獄に落ちても、ついには阿羅漢道を得る。かりそめの袈裟の縁で第三生に得道する。まして無上菩提のために清浄の信心をおこして出家した道元門下の人々、在家でも、清浄の信心をおこして仏弟子となった優婆塞《うばそく》・優婆夷《うばい》（在家の仏弟子の男女）の上に、袈裟の功徳が成就しないはずはない。これが道元禅師の、門下の僧俗に対する励ましの言葉である。さらに袈裟を受けた人々は、一生の間、日ごとに、洗面をすませた後、仏に向かって手を合わせる時はまず、お袈裟を頭にのせて敬う。この功徳は広大無量である。

仏弟子としての生活の最初は発菩提心《ほつぼだいしん》である。南瞻浮洲は四洲のうちでも、人が菩提心を発すのに最もよい所とされる。そこに、釈迦牟尼仏が出世され、その正伝のお袈裟は二千五百年後の今日にも残っている。仏の種子まきは、この袈裟にめぐり会うことである。

「相承なき師にしたがふて袈裟を受持する、なほ功徳甚深《じんじん》なり」——袈裟はすべて仏弟子の標幟《ひょうし》——旗じるし——である。仏衣《ぶつえ》である。長い年月の間、各地に仏法が伝わる間に、袈裟はさまざまな形になった。そのどれにも仏の功徳はこめられている。まして正伝の袈裟の功徳ははかり知れない。

十五　袈裟をつくるには麁布《そふ》を本《ほん》とす

袈裟をつくるには麁布を本とす、麁布なきがごときは細布《さいふ》をもちゐる。麁細《そさい》の布、ともになきには絹素《けんそ》をもちゐる、絹《けん》・布《ふ》ともになきがごときは綾羅《りょうら》等をもちゐる、如来の聴許《ちょうこ》なり。絹布綾羅等の類、すべてなきくにには、如来また皮袈裟を聴許しまします。

おほよそ袈裟、そめて[1]青《しょう》　黄《おう》赤《しゃく》黒《こく》紫《し》色《しき》ならしむべし。いづれも色のなかの壊色《えしき》ならしむ。如来はつねに肉色《にくしき》の袈裟を御《ぎょ》しましませり。これ[2]袈裟色《けさしき》なり。初祖相伝の仏袈《ぶつけ》裟《さ》は青黒色《せいこくしき》なり、西天《さいてん》の屈眴《くつじゅん》布《ふ》なり、いま曹溪山にあり。西天二十八伝し、震旦《しんだん》五伝せり。いま曹溪古仏の遺弟《ゆいてい》、みな仏衣《ぶつえ》の[3]故実《こしつ》を伝持せり、余僧のおよばざるところなり。

おほよそ衣《え》に三種あり。
一ツニハ糞掃衣《ふんぞうえ》、二ツニハ毳衣《ぜいえ》、三ツニハ衲衣《のうえ》ナリ。
糞掃はさきにしめすがごとし。毳衣ハ、鳥獣細毛、これをなづけて毳とす。
行者若《も》シ糞掃ノ得《う》ベキ無カランニハ、此《これ》ヲ取リテ衣《え》ヲ為《つく》ルベシ。衲衣ハ、朽故破弊《きゅうこはへい》シタルヲ、縫衲《ふのう》シテ身ニ供《くう》ズ。世間ノ好衣《こうえ》ヲ著《じゃく》セザレ。

【訳】

袈裟を作るには、粗末な植物繊維のものを原則とする。粗末な植物繊維のものがない時は、上等な植物繊維のものを用いる。粗末なのも上等なのも両方ともない時は、絹の平織りを用いる。絹ものも、植物繊維のものもないようなら、綾《あや》・羅《うすもの》などを用いる。如来の聴許《おゆるし》である。絹や植物繊維、綾や羅などの類が全くない国では、如来はまた皮袈裟を聴許《おゆるし》あそばされた。

おしなべて袈裟は、染めて青・黄・赤・黒・紫色にしなさい。どれもその色の中の不純色にする。如来はいつも肉色の袈裟をお召しあそばされた。これが袈裟色である。初祖達磨大師が相伝された仏袈裟は青黒色《せいこくしき》である。インドの屈眴布《くつじゅんふ》（木綿の花の心をつむいで作ったもの）である。現在曹渓山にある。インドで二十八伝し、中国に来て五伝した。現在、曹渓古仏六祖の後のお弟子たちは、みな仏衣の故実を伝え持っている。他の系統の僧たちのおよばないところである。おしなべて、袈裟に三種ある。

一つには糞掃衣《ふんぞうえ》、二つには毳衣《ぜいえ》、三つには衲衣《のうえ》である。

「糞掃」は前に示した通りである。「毳衣」は、鳥獣の細毛で、これを名づけて毳《ぜい》という。修行者はもし糞掃が得られなければ、これを取って袈裟に作りなさい。「衲衣」は、古くなって破れた布を、縫いつづくって身につける。世間で喜ばれるような衣は着用しない。

【注】

1　青黄赤黒紫《しょうおうしゃくこくし》　次にいうように純色ではなく、それに黒色などをかけた不純色である。それを壊《え》色《しき》という。

2　袈裟色　袈裟の原語は色の名で、不純色、壊色をいう。それから衣《え》の名となった。

3　故実　前例あるしきたり。伝統ある秘訣。

【解】

以下、いよいよ袈裟の体《たい》・色《しき》・量《りょう》の説明に入る。これによって、道元禅師の言われる正伝の袈裟は現成《げんじょう》するのである。まず、第一は袈裟の財体を説かれる。

袈裟を作るには、粗末な布が一番いい。粗末なものがなければ上等なものでもいい。木綿や麻等の植物繊維がいいのであるが、なければ絹でもいい。絹も平織がいいのであるが、なければ綾織物でもいい。世間の布の評価と全く違っているところに注目してほしい。

仏法は事々皆世俗に違背《いはい》せるなり。俗は髪をかざる、僧は髪をそる。俗は多く食す、僧は一食するすら皆そむけり。然《しか》して後、還《かえ》って大安楽人なり（『随聞記《ずいもんき》』三ノ十九）。

『随聞記』の右の言葉が思い起こされる。仏法では、人の欲望をそそらないものが最もよいのである。

織物よりも皮の方が手に入りやすい国では、皮で作ってもよいとは、仏法のきわまりない広さである。

糞掃衣は、さきにあったように、人々が捨てた布を拾ってきて、洗って、使えるところだけ取って縫うのである。補強のためにはつぎもあてるし、雑巾刺《ぞうきんざ》しもする。現在もそれにならって、あり合わせの布をはぎ合わせて作る糞掃衣がある。

「毳衣」は鳥獣の細毛とあるから、現在ならウール地と考えてよいであろう。とにかく、世間の人が見て「いいな」「立派だな」「高価だな」と思わないものを材料として用いるのが袈裟の本義である。

十六　具寿鄔波離《ぐじゅウパリ》

[1]具寿鄔波離、世尊ニ請《こ》ヒタテマツリテ曰《もう》サク、「大徳世尊、僧伽胝衣《そうぎゃちえ》ハ条数幾《いくばく》カ有ル」。

仏言《のたま》ハク、「九有リ。何ヲ謂ッテカ九ト為《す》ル、謂《いわ》ユル、九条、十一条、十三条、十五条、十七条、十九条、二十一条、二十三条、二十五条ナリ。其ノ僧伽胝衣《そうぎゃちえ》、初《はじめ》ノ三品《さんぽん》ハ、其ノ中ノ壇隔《だんきゃく》ハ両長一短ナリ、是《かく》ノ如ク持スベシ。次ノ三品ハ三長一短、後ノ三品ハ四長一短ナリ。是ノ条ヲ過グルノ外《ほか》ハ、便《すなわ》チ破衲《はのう》ト成ル」。

鄔波離、復《ま》タ世尊ニ白《もう》シテ曰《もう》サク、「大徳世尊、幾種ノ僧伽胝衣カ有ル」。

仏言ハク、「三種有リ、謂《いわ》ユル上中下ナリ。上ハ竪《たて》三肘《ちゅう》[2]、横五肘。下ハ竪二肘半、横四肘半。二ノ内ヲ中ト名ヅク」。

鄔波離、世尊ニ白シテ曰サク、「大徳世尊、嗢怛羅僧伽衣《うったらそうぎゃえ》、条数幾《いくばく》カ有ル」。

仏言ハク、「但《た》ダ七条ノミ有リテ、壇隔両長一短ナリ」。

鄔波離、世尊ニ白シテ曰サク、「大徳世尊、七条復タ幾種カ有ル」。

仏言ハク、「其レニ三品有リ、謂ユル上中下ナリ。上ハ三五肘、下ハ各半肘ヲ減ズ、二ノ内ヲ中ト名ヅク」。

鄔波離、世尊ニ白シテ曰サク、「大徳世尊、安怛婆娑衣《あんだばさえ》、条数幾カ有ル」。

仏言ハク、「但ダ五条ノミ有リ、壇隔一長一短ナリ」。

鄔波離、復タ世尊ニ白シテ曰サク、「大徳世尊、安怛婆娑衣、幾種カ有ル」。

仏言ハク、「三有リ、謂ユル上中下ナリ。上ハ三五肘、中下ハ前ニ同ジ」。

仏言ハク、「安怛婆娑衣、復タ二種有リ。何ヲカ二ト為ス。一ハ竪二肘、横五肘。二ハ竪二、横四ナリ」。

僧伽胝《そうぎゃち》ハ、訳シテ重複衣《じゅうふくえ》ト為ス。嗢怛羅僧伽ハ、訳シテ上衣《じょうえ》ト為ス。安怛婆娑ハ、訳シテ内衣《ないえ》ト為ス。又下衣《げえ》ト云フ。

又云《いわ》ク、僧伽梨衣《そうぎゃりえ》ハ、謂ユル大衣《だいえ》也。云ク、入王宮衣《にゅうおうぐうえ》、説法衣ナリ。欝多羅僧《うったらそう》ハ、謂ク七条衣ナリ。中衣、又云ク、入衆衣《にっしゅえ》。安陀会《あんだえ》(衣)ハ、謂ク五条衣ナリ。云ク、小衣。又云ク、行道衣《ぎょうどうえ》、作務衣《さむえ》。

【訳】

具寿ウパリが世尊に教えを請うて言った、「大徳世尊よ、僧伽胝衣《そうぎゃちえ》(大衣《だいえ》)は、条数はどれだけありますか」。

仏が仰せられた、「九種ある。九種はどういうものかというと、いわゆる、

九条、十一条、十三条

十五条、十七条、十九条

二十一条、二十三条、二十五条である。

その僧伽胝衣の初めの三種は、その一条の中の布の壇隔《くぎり》は、長い布が二枚、短い布が一枚である。このように作って身につけなさい。次の三種は、長い布が三枚と、短い布が一枚である。最後の三種は、長い布が四枚と、短い布が一枚である。これ以上の条数は、衲衣《のうえ》のきまりからはずれるものとなる」。

僧伽胝衣（大衣）

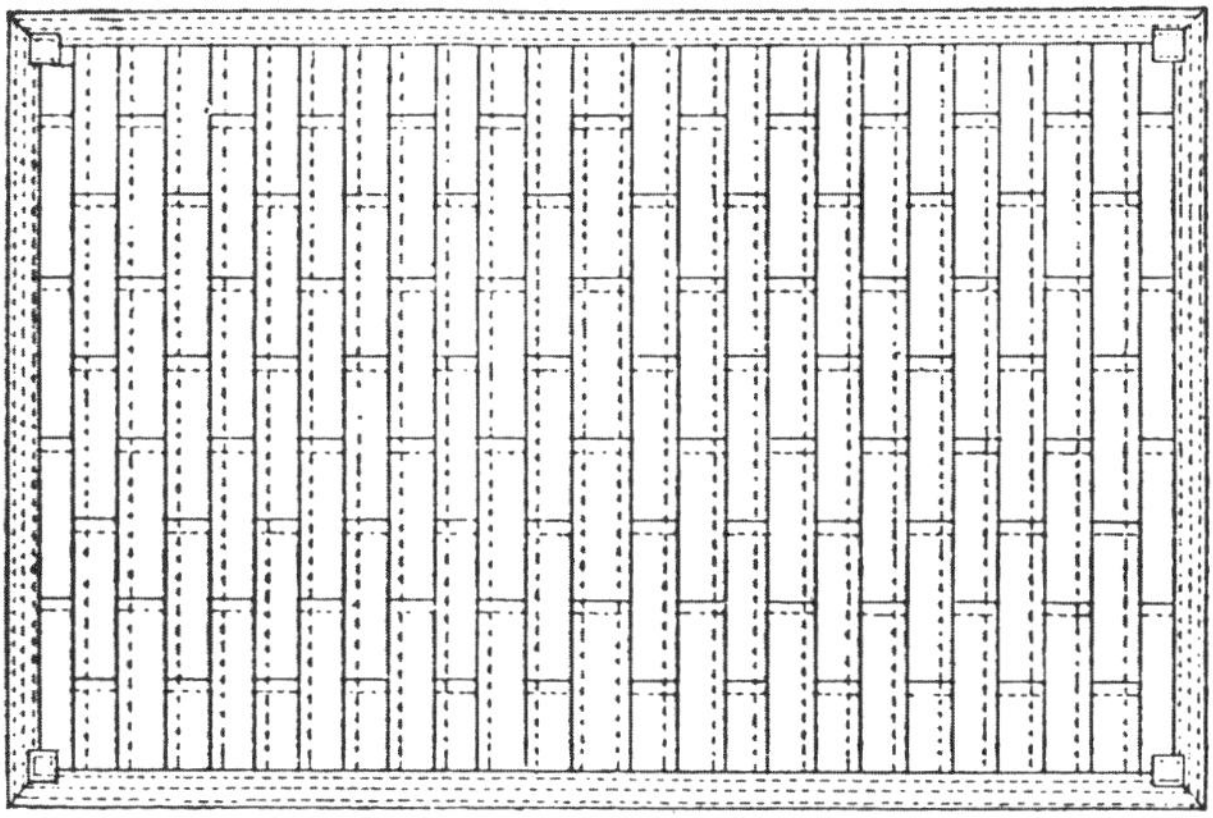

二十五条衣

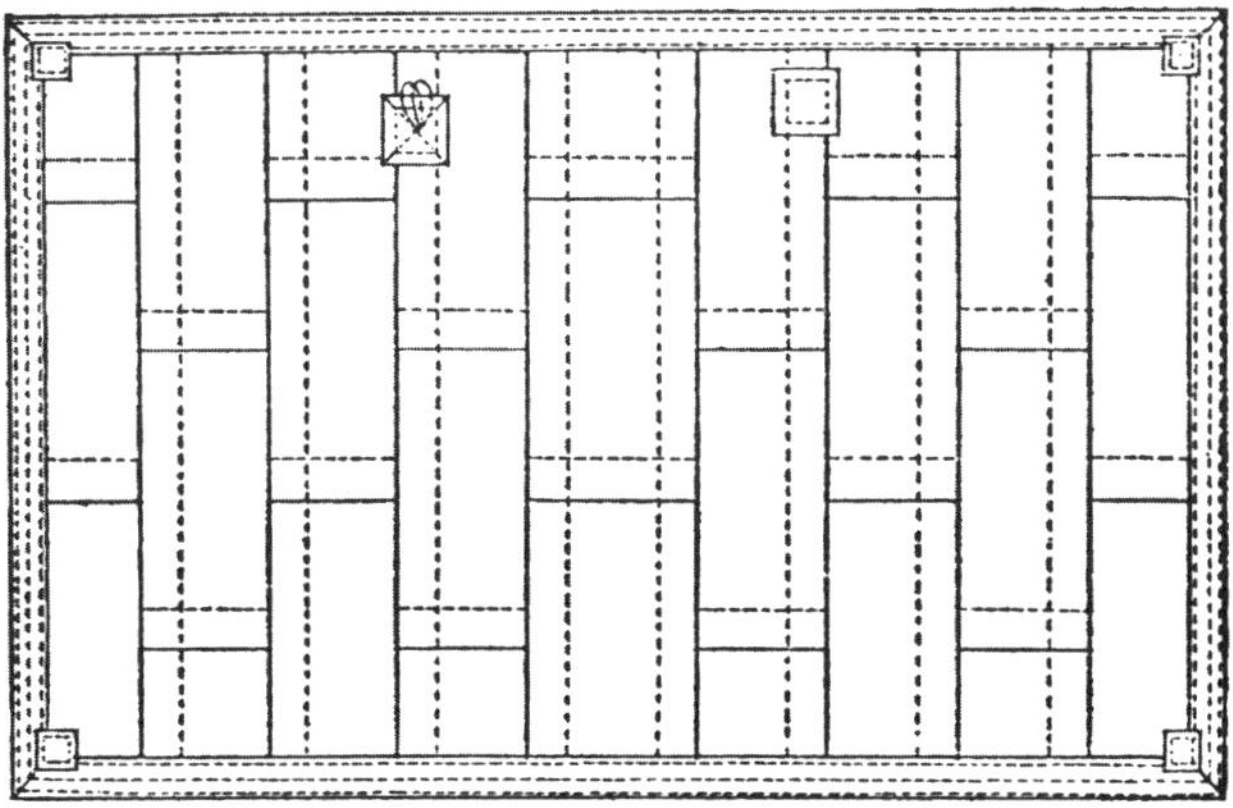

九条衣

（『法服格正』より）

嗢呾羅僧伽衣（七条衣）

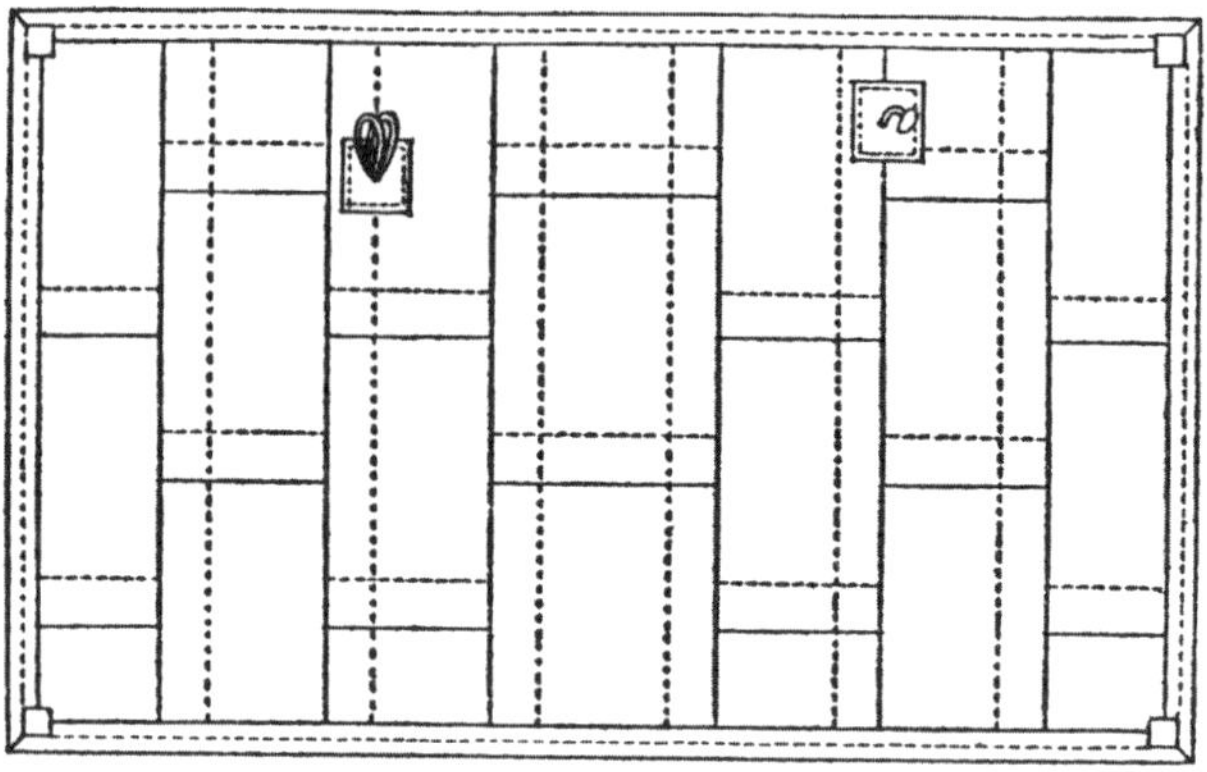

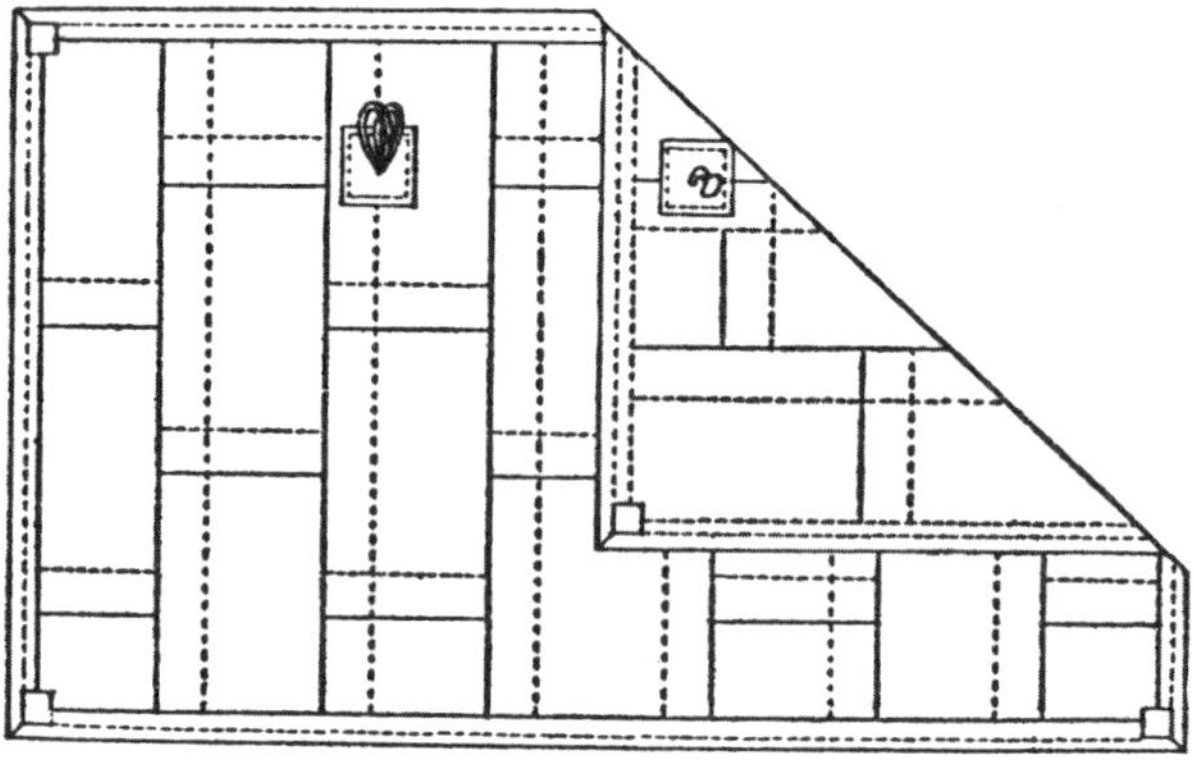

安呾婆娑衣（五条衣）

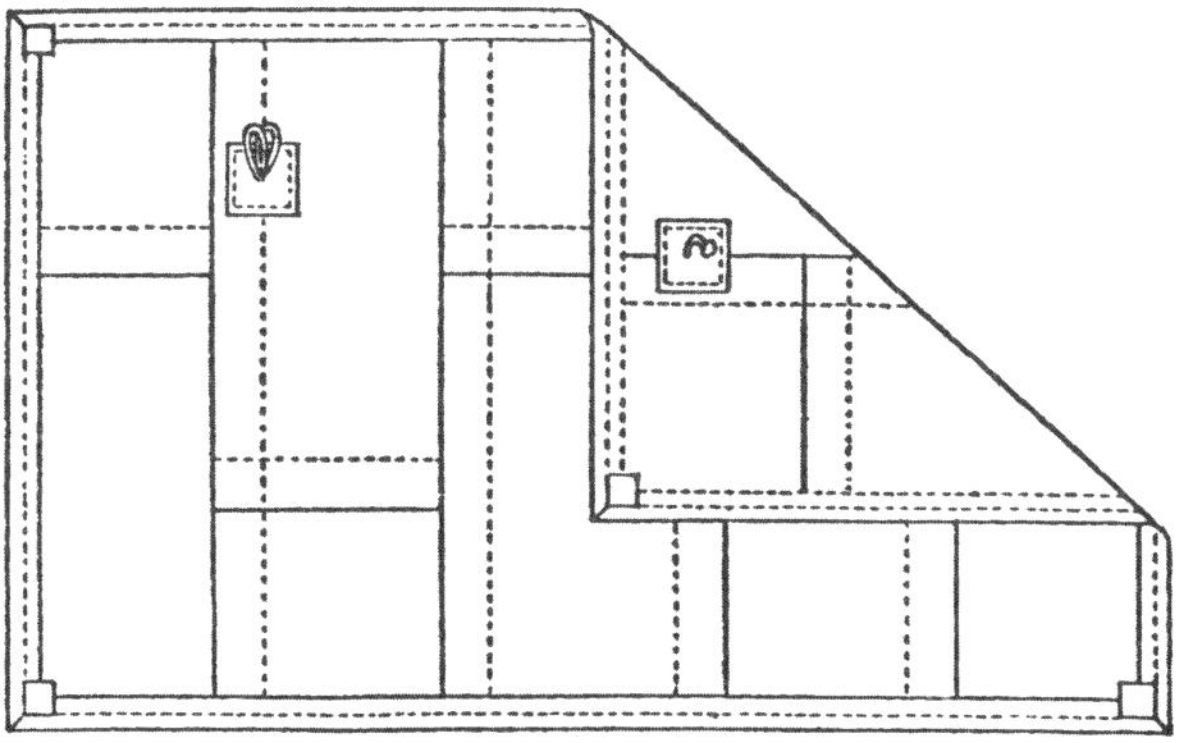

（『法服格正』より）

ウパリがまた世尊に申し上げた、「大徳世尊よ、僧伽胝衣（大衣）の種類はどれだけありますか」。

仏が仰せられた、「三種有る。いわゆる上・中・下の三である。上《じょう》は丈《たけ》三肘《ちゅう》、幅五肘。下《げ》は丈二肘半、幅四肘半。上下の中間のものを中《ちゅう》と名づける」。

ウパリが世尊に申し上げて言った、「大徳世尊よ、嗢呾羅僧伽衣《うったらそうぎゃえ》は、条数は幾種類ありますか」。

仏が仰せになった、「ただ七条だけあって、布地の壇隔《くぎり》は長い布二枚、短い布一枚である」。

ウパリが世尊に申し上げた、「大徳世尊よ、七条衣は幾種類ありますか」。

仏が仰せられた、「それには三種類ある、いわゆる上・中・下である。上《じょう》は丈三肘、幅五肘、下《げ》はそれぞれ半肘小さいものである。上と下の中間を中《ちゅう》と名づける」。

ウパリが仏に申し上げた、「大徳世尊よ、安呾婆娑衣に、条数は幾条ありますか」。

仏が仰せられた、「条数は五条ある。布地の壇隔は長い布が一枚に短い布が一枚である」。

ウパリが世尊に申し上げた、「大徳世尊よ、安呾婆娑衣は幾種類ありますか」。

仏が仰せられた、「三種ある。上・中・下の三である。上は丈三肘、幅五肘、中と下は前に同じである」。

仏が仰せられた、「安呾婆娑衣にはまた二種有る。どんな二種かというと、一つは丈二肘、幅五肘。もう一つは丈二肘、幅四肘である」。

僧伽胝は、訳して「重複衣（合わせ仕立ての袈裟）」とする。嗢呾羅僧伽は訳して「上衣」とする。安呾婆娑衣は訳して「内衣」とする。また、「下衣《げえ》」という。

又いえば、僧伽梨衣は「大衣」といわれるものである。また、「入王宮衣《にゅうおうぐうえ》」ともいう。また、「説法衣」ともいう。鬱多羅僧は、「七条衣」といわれるものである。「中衣《ちゅうえ》」とも、「入衆衣《にっしゅえ》」ともいう。安陀衣は、五条衣というものである。「小衣」ともいう。また、「行道衣《ぎょうどうえ》（旅行着）」「作務衣《さむえ》（労働服）」ともいう。

【注】

1 **具寿鄔波離《ぐじゅウパリ》云々** 『根本説一切有部百一羯磨』第十。鄔波離は仏十大弟子の一。持律第一と称せられた。

2 **肘《ちゅう》** 曲げたひじの端から、掌をのばした先までの長さ。また、二十四指を一肘とする。

【解】

『有《う》部《ぶ》百一《ひゃくいち》羯磨《こんま》』を引くこの段は、『正法眼蔵』を読むだけなら、律文の引用にすぎない。しかし、実際に袈裟を作るに当たって、道元禅師がこの一段を書いておいてくださったことは大変ありがたい拠り所となるのである。一々の条に図をあげたように、袈裟は横長い長方形に仕上げればいい。しかし、大きく作れば布が無駄であるし、ぞろぞろとして恰好も悪い。小さく作れば仏弟子の威儀に欠ける。

標準寸法といっても人によりまちまちであり、布の都合もある。第一、寸法ということ自体、二千年の間、世界各地で寸法の単位が一定していないことはわれわれの現に経験しているところである。しかし袈裟は、仏弟子の威儀を保ち、実際に修行する時に着けるものである。これに合理的な割り出し法がある。その人の肘《ちゅう》（ひじ）の長さによるのである。

ひじを曲げて指の先までをはかる（下図参照）。これが一肘である。肘の長さと身長とはたいていは一定の割合であるから、これはいつの世でも基本となりうる。これを三倍したのを長さ

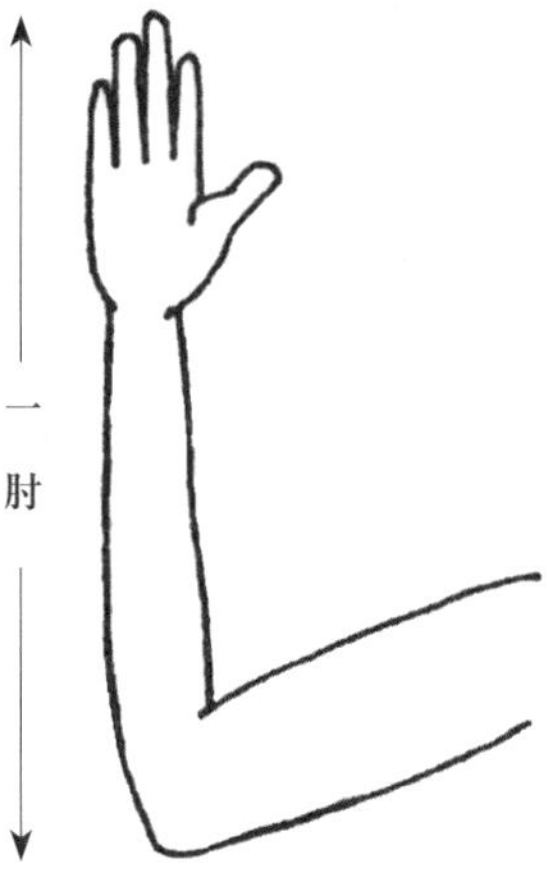

肘丈

とし、五倍したのを横幅とする（左図参照）。人によって身長の割に腕の短い人、長い人があるから、それはそれで加減する。

袈裟の上・中・下品

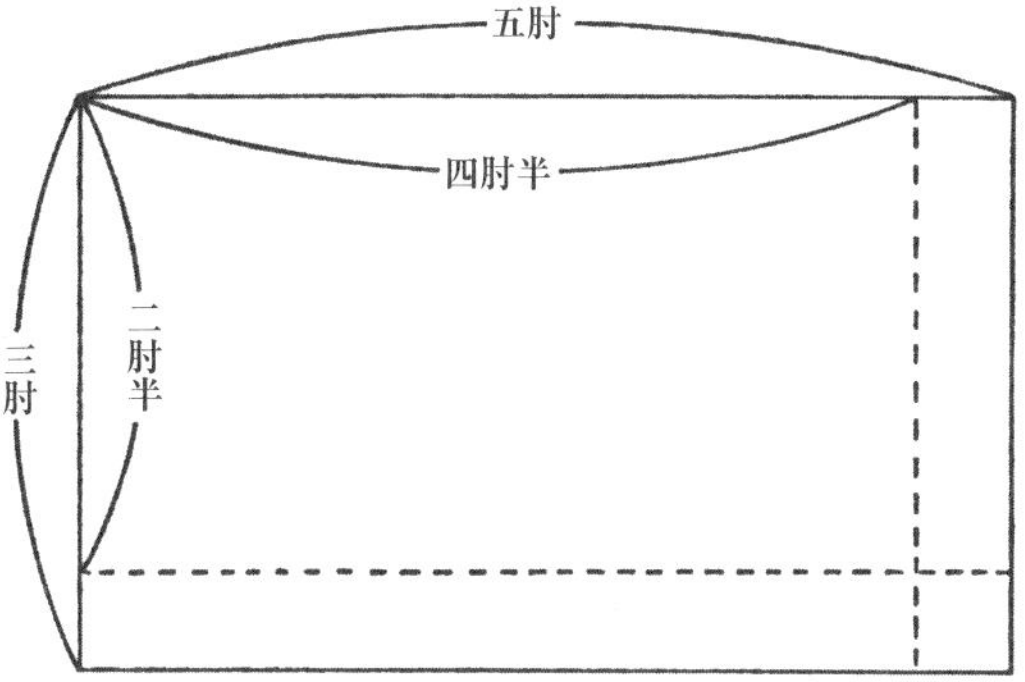

三・五肘いっぱいのものが上品、二肘半・四肘半のものが下品、その中間はすべて中品となる。

この三肘と五肘の大きさの中で、横幅を九条の布で作るのを九条といい、十一条の布で作るのを十一条という。だから、最高の二十五条は、五肘の二十五分の一という細い布が縫い合わされることになる。図を見ればわかるように、条数が多くなることは、長さや幅が大きくなることではない。はぎ合わせる布が小さくなり、その数が増えるだけである。そしてその縦の一条は、三枚から五枚までの布を縫い合わせる。その布の一枚ずつの長さが壇隔《だんきゃく》である。

大衣《だいえ》のうち、九条・十一条・十三条は三枚、十五条・十七条・十九条は四枚、二十一条・二十三条・二十五条は五枚の布を縫い合わせる。「両長一短」とは「二枚の長い布と一枚の短い布」ということ（下図参照）であり、「三長一短」は「三枚の長い布と一枚の短い布」ということであり「四長一短」は「四枚の長い布と一枚の短い布」ということである。

「上」「中」「下」の差は、布が充分あって大きくできる場合を「上」とし、「下」は最低これだけは必要という大きさである。その中間をすべて「中」とする。これ以上であってもならず、これ以下であってはならないところさえはっきりしていれば、中間の寸法はその人の身体の都合と、布の都合でどれでもいいのである。

嗢咀羅僧伽衣《うったらそうぎゃえ》は七条だけであるから、寸法の最大と最小があれば、あとはその中間のどれでもよい。但し、七条は入衆衣《にっしゅえ》で修行の時に着けるものであるから、三・五肘いっぱいよりも$\frac{1}{20}$ほど減らした寸法が扱いやすい。

安呾婆娑衣《あんだばさえ》も五条一種であるから、上中下の大きさは九条・七条と同じである。また安陀衣は、旅行や作務《さむ》の時に着けるので、縦二肘、横五肘、あるいは縦二肘、横四肘でもいいことに

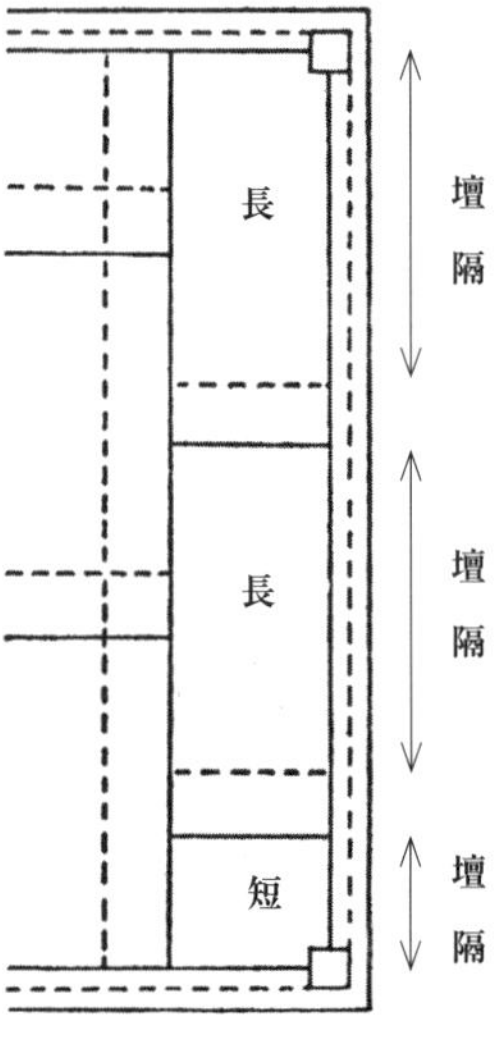

両長一短

なっているので、その旨が記されている。これは、実際に作る時にはありがたい目安である。現在は五条衣は絡子《らくす》または掛絡《から》という形に縮小され、棹《さお》と呼ばれる紐《ひも》をつけて、首から掛けるようになっている（六〇頁参照）。

「僧伽胝《そうぎゃち》ハ、訳シテ重複衣ト為ス」とあるように、九条以上の大衣は必ず裏をつける。安咀婆娑衣は一番下に着るものであるから、「内衣」「下衣」という。嗢咀羅僧伽衣（七条）はその上に着るから「上衣」「中衣」である。

「又云ク、僧伽梨衣ハ、謂ユル大衣也」以下は、用途による別名である。僧伽梨衣は王宮に入って説法する時にかける。だから寸法も、できるだけ三肘、五肘の線を守るのがよい。それが「大衣」といわれるゆえんである。

七条の「入衆衣《にっしゅえ》」とは、衆―僧伽―修行の僧たちとともに修行をし、仏に給侍する時のものである。

この三衣、かならず護持すべし。又僧伽胝衣《そうぎゃちえ》に[1]六十条の袈裟あり。かならず受持すべし。

おほよそ、[2]八万歳より百歳にいたるまで、寿命の増減にしたがうて、身量の長短あ

り。八万歳と一百歳と、ことなることありといふ、また平等なるべしといふ。そのなかに、平等なるべしといふを正伝とせり。仏と人と、身量はるかにことなり。人身《にんじん》ははかりつべし、仏身はつひにはかるべからず。このゆゑに、迦葉仏の袈裟、いま釈迦牟尼仏着《じゃく》しましますに、長《ながき》にあらず、ひろきにあらず。今《こん》釈迦牟尼仏の袈裟、[3]弥勒《みろく》如来著しましますに、みじかきにあらず、せばきにあらず。仏身の長短にあらざる道理、あきらかに観見し、決断し、照了し、警察《きょうさつ》すべきなり。

[4]梵王《ぼんのう》のたかく色界《しきかい》にある、その仏頂をみたてまつらず。[5]目連はるかに光明幡《こうみょうばん》世界にいたる、その仏声《ぶっしょう》をきはめず。遠近《おんごん》の見聞《けんもん》ひとし、まことに不可思議なるものなり。如来の一切の功徳、みなかくのごとし。この功徳を念じたてまつるべし。

【訳】

この三衣（大衣・七条・五条）は、必ず大切にして身につけなさい。また、僧伽胝衣《そうぎゃちえ》に六十条の袈裟がある。必ずいただいて身につけなさい。

おしなべて、人の寿命が平均八万歳ある時代から、平均百歳の時代に至るまで、寿命の増減するにつれて、身の丈《たけ》の量に長短がある。八万歳の時と、一百歳の時と、差があるといい、また平等なはずだともいう。両説の中では、平等なはずだというのを正伝としている。仏と人とは身の大きさが全然違う。人の身はものさしではかることができる。仏身はどうしてもはかることができない。そのために、過去迦葉仏の袈裟を、現劫の釈迦牟尼仏がお召しになって、長いでもなく、広いでもない。現劫の釈迦牟尼仏の袈裟を、次に出現される弥勒如来がお召しになって、短いでもなく、狭いでもない。仏身が長い短いではかれるものでない道理を、はっきりと観見《よくみ》、決断し、照了《みとおし》つくし、心をひきしめて観察しなければならないのである。

大梵天は色界の最頂上にいるが、仏の頭《みぐし》の頂きを見せていただくことがない。神通第一の目連尊者は仏の声の聞こえなくなる限界を知ろうと神通力でとび立ち、はるか遠く光明幡世界まで行ったが、それでも仏の声の聞こえなくなる極限には至らず、遠くからでも近くからでも、仏の身を見、仏の声を聞くことは全く変わりがなかった。まことに不可思議なものである。如来の一切の功徳は、みなこの通りである。この功徳を心に念じ申し上げなさい。

【注】

1 六十条の袈裟　十五条は壇隔が六十あるのでいう。

2 八万歳云々　人の平均寿命が八万歳の時から、百年ごとに一歳を減じて十歳に至り、さらに八万歳に至ることを二十回繰り返すのを一小劫とする。『倶舎論』などの説。

3 **弥勒如来** 釈迦如来入滅の後、五十七億六千万年の後、娑婆世界に出世される仏。現在兜率天《とそってん》にあって修行している。

4 **梵王** 大梵天。色界初禅天の主。①欲界（五官の欲の存在する世界）、②色界《しきかい》（色界四禅の行なわれる世界で、色―物質―はあるが五官の欲を離れている世界）、③無色界《むしきかい》（純粋に精神的な禅定《ぜんじょう》の行なわれる世界）という三段階の世界のうち、色界の最上の世界の主といわれる。

5 **目連はるかに云々** 仏十大弟子の一人、神通第一の目連尊者が、仏の音声がどこまで聞こえるかをためそうとして、須弥山《しゅみせん》をこえ、さらに九十九恒河沙《ごうがしゃ》の諸仏土をすぎ、光明幡《こうみょうばん》世界に至った時、神通力がきわまって、光明王如来の法会《ほうえ》の中に落ちたが、それでも釈迦如来の声は耳もとに響いていたという（『大宝積経《だいほうしゃくきょう》』第十巻、密迹金剛力士会《みっしゃくこんごうりきしえ》）。

【解】

大衣と七条と五条を三衣という。その用い方は前に出た。仏弟子の最小限の持ち物を三衣一鉢《さんねいっぱつ》というのもここから出る。鉢は応量器といって、比丘の正式の食器である。衣は袈裟、住は樹下石上、これが仏弟子の衣食住の原点である。

釈迦牟尼仏がこの世に出現する以前、無限の過去世に迦葉仏《かしょうぶつ》が世に出られた。その時の平均寿命は二万歳であった。釈迦牟尼仏が世に出られた時は、平均寿命が百歳であった。釈迦牟尼仏はそのうち八十年を生きられ、あとの二十年の福徳は後世の仏弟子のために残された。それで、後世の仏弟子は食物に不自由しないと言われる。平均寿命に長短はあっても、人間の骨格・構造は変わらない。生き方も変わらないというのが正しいであろう。

仏とは、宇宙の真実の人格化である。仏身は宇宙に遍満している真実で、これに尺度はない。迦葉仏の袈裟は樹神が持っていて、釈尊が出家した時に伝え、釈尊の袈裟は摩訶迦葉が持って鶏足山《けいそくさん》に入定《にゅうじょう》し、弥勒仏の出世の時に伝えると言われる。これも、宇宙の真実と一体となった仏が出現する時には必ず袈裟があり、その袈裟は迦葉仏から釈迦牟尼仏、釈迦牟尼仏から弥勒仏と伝えて、それぞれに余ることもなく足りないものでもないことを言っている。

「仏身の長短にあらざる道理、あきらかに観見し、決断し、照了し、警察《きょうさつ》すべきなり」——仏法者が仏道修行をする時、最も大切なことは、仏身とは何をさして言うかである。『金剛般若経』には、「若し色を以て見、若しくは声を以て仏を見ようとするならば仏身を見ることはできない」と言っている。仏は自己の外にあるものではなく、仏道修行者が修行をする時、その時その時に現成するものである。ここが一番大切であるから、あきらかに観見し、「決断し」

――これ以外に絶対に仏身はないと決断し、「照了し」――明々白々のこの事実を直視し、「警察」――心を引きしめて観察をゆるがせにしてはならないのである。

梵天王というのは、形ある世界では最上位にいるとされるインドの神である。地上に出現した釈迦牟尼仏を天上から見下ろしたかといえば、そうではない。仏―宇宙の真実―の限界は見ることができない。梵王が見ようとした仏の頂きとは、実は自己の真実の頂きであるから、見下ろすことができないのは当たり前である。

目連は、仏の声に疑問を持った。仏の声というのは、自己の真実が聞く声である。自己が宇宙の真実として生きていればこそ、声を聞くことができる。その声が仏の声である。生きている自己は、生きている自己の声の聞こえない所に行くことはできないのである。「遠近《おんごん》の見聞《けんもん》ひとし」である。

こういうことを梵天王とか、目連が光明幡世界に行ったとかいう話で説くのである。外にある仏の声を聞いていると思うと、それは自己の内にある仏の声を聞くはたらきであった。その構造の解明は、まことに「不可思議」というほかない。そういう仏の声を聞くことを、われわれは、何の思い議《はか》りもなく、毎日続けているのである。

「この功徳」――われわれに与えられている仏として生きるはたらきを、常に忘れてはならない。その功徳が生きているわれわれを常に保証してくれるのが、三衣の護持であり、袈裟をかけることである。

十七　袈裟を裁縫するに

袈裟を裁縫するに、[1]割截衣《かつせつえ》あり、[2]褋葉衣《ちょうようえ》あり、[3]摂葉衣《しょうようえ》あり、[4]縵衣《まんえ》あり。ともにこれ作法なり。その所得にしたがうて受持すべし。仏言《のたま》ハク、「三世仏ノ袈裟ハ、必定《ひつじょう》シテ却刺《きゃくし》ナルベシ」。その衣財《えざい》をえんこと、また[5]清浄を善なりとす。いはゆる糞掃衣を最上清浄とす。三世の諸仏、ともにこれ清浄としまします。そのほか、信心檀那《しんじんだんな》の所施《しょせ》の衣《え》、また清浄なり。あるいは浄財をもていちにしてかふ、また清浄なり。
[6]作衣《さえ》の日限ありといへども、いま末法澆季《ぎょうき》なり、遠方辺邦《おんぽうへんぽう》なり。信心のもよほすところ、裁縫をえて受持せんにはしかじ。

【訳】

袈裟を裁縫するのに、割截衣《かっせつえ》があり、揲葉衣《ちょうようえ》があり、摂葉衣《しょうようえ》があり、縵衣《まんえ》がある。いずれも正しい作り方である。その手に入った衣財に従って（縫って）護持し、身につけなさい。

仏が言われた、「三世仏の袈裟は、必ず却刺《かえしばり》にしなさい」。

袈裟の材料を手に入れることも、また清浄《きよらか》なものを善しとする。いわゆる糞掃衣を最上の清浄なものとする。三世の諸仏は、みなこれを清浄なものとあそばされる。そのほか、信心をもって布施する人が施してくれる袈裟もまた清浄である。あるいは清浄な財貨でもって、市で交換して手に入れたものも、また清浄である。

袈裟を縫うには、決められた日限があるが、今は末法で、法のおとろえた時代である。わが日本国は仏出世のインドからは遠方であり、辺地の国である。信心のおこるに従い、できるだけのところで裁縫して、いただいて身につけるにこしたことはないであろう。

【注】

1　**割截衣《かっせつえ》**　袈裟を縫うのに、壇隔《だんきゃく》ごとの布をはぎ合わせて作るもの。十五条が六十枚の布から成るというのも、この作り方による。

2 摚葉衣《ちょうようえ》　条、壇隔を分ける葉《よう》と縁《えん》を、別布をはりつけて作るもの。割截衣にするだけの布がない時は、この方法が用いられる。縁、葉の布は、別の布でもよい。

3 摂葉衣《しょうようえ》　一枚の広い布を、切らずに条、壇隔を分ける。葉はひだをたたんで作るもの。この方法は五条衣にだけ用いられる。

4 縵衣《まんえ》　一枚の布に縁だけをつけ、条、壇隔のないもの（下図参照）。
沙弥《しゃみ》（出家してまだ具足戒を受けていない僧）が着けるので沙弥衣《しゃみえ》ともいう。また、三衣のうち、七条、五条が間に合わない時、これをもってその代用とすることができる。

5 清浄　人間の欲望の対象とならないものを清浄とする。

6 作衣《さえ》の日限　比丘が、袈裟に作るだけの衣財《えざい》を得た

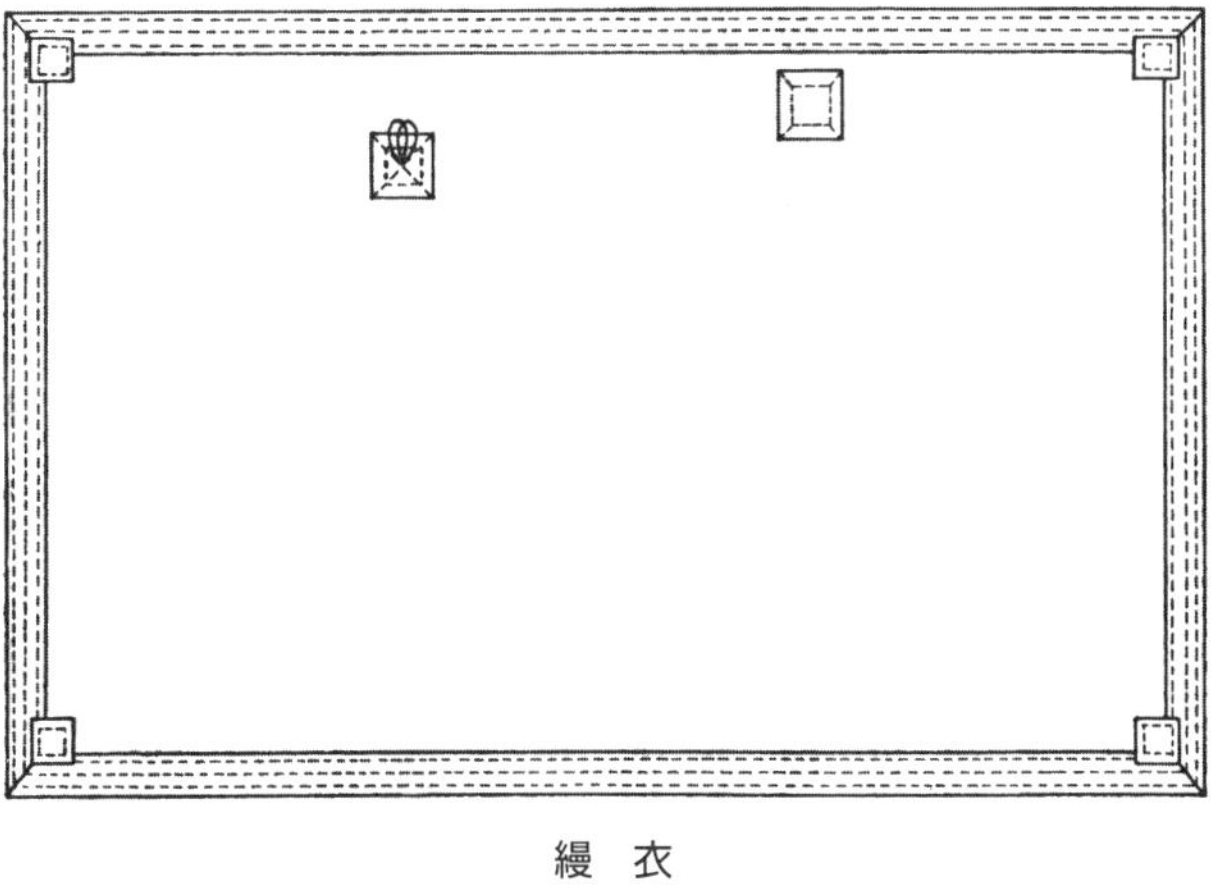

縵　衣

時、月の初めの十日のうちに衣財を得た時にはその十日のうちに作り上げなければならない。月の半ばの十日の間に衣財を得た時には、その十日のうちに作らなければならない。月の終わりの十日の間に衣財を得た時は、その月のうちに作らなければならない。もし、月の初めの十日のうち、五日を過ぎて衣財を得た時は、六日から十五日の間に作り上げなければならない。もし、十六日から二十日までの間に衣財を得たなら、十六日から二十五日までの間に作り上げなければならない。もし二十六日以後に衣財を得たら、三十日までの四日のうちに作り上げなければならない。二十九日ならば、三十日までの間に、三十日に得たらその日のうちに作り上げなければならない。

つまり、月を越してはならないのである。一日や二日で出来上がりそうもない時は、みんなで寄り集まって縫いなさいという。それでも仕上がりそうもない時は、あらく縫っておいて袈裟頂戴の儀式をすませ、あとで細かく刺せばよいとの指示がある(『摩訶僧祇律』巻八)。

【解】

ここは実際に袈裟を縫う縫い方である。

割截衣といって壇隔《だんきゃく》ごとの布を縫い合わせるのが基本であるが、それだけの布がない時は、寸法通りの広さと長さの布の上に、壇隔を示す葉《よう》と縁《えん》を別布でつけるやり方でもよい。五条はあまり大きくないので、一枚の布をつまんで葉を表わす。これを摂葉衣《しょうようえ》・屈《くつ》襵衣《しょうえ》という。縵《まん》衣《え》は壇隔の区切りのない、べた一面のものである。沙弥衣《しゃみえ》ともいうが、七条・五条の代わりにして三衣のうちに加えることもできる。「その所得にしたがうて受持すべし」――布の都合次第である。

「却刺《きゃくし》」というのは「かえしばり」のことであるが、前の針の所に全部返るような連続の針目ではなく、表には胡麻粒か芥子粒ほどの針目が出る点の連続である。一針ずつ抜いて針目をしっかりさせなければならない。その代わり堅牢で、糸の一方を引いても針目は一層きつく緊《しま》って、連続して抜けてくることはない。捨てられた、小さい布をつぎ合わせる目的にかない、かつ美しい仕上がりの縫い方である。こういう却刺《かえしばり》がお袈裟の条件である（二一四頁参照）。

衣財の話は前にも出たが、人間の欲望をかきたてるものは清浄《きよらか》ではない。糞掃衣―ごみ捨て場から拾ってきて、洗って、使える所だけ取ってはぎ合わせ、縫い刺したもの―が最も清浄《しょうじょう》である。世間の人は見向きもしないものである。それでなければ信心の布施者が布施してくれたもの、あるいは正しい因縁で手に入った財物をもって、物々交換の市《いち》―鎌倉時代のことである―で交換したもの。今日ならば正しい手段で得た収入で買い求めたものは清浄である。

「作衣《さえ》の日限」は、特に月の変わり目を越えてはいけないという点できびしいものである。『摩訶僧祇律』巻八では、浣《かん》―あらう、染―そめる、牽截《けんせつ》―裁断する、絣篸《びょうしん》―しるしつけをする、却刺―かえし針で縫う、横刺《おうし》―条のたてつぎをする、長刺―条ごとの長《たけ》を縫い合わせる、縁《えん》をつけ、紐《ちゅう》（ひも）をつけ、煮洗、洗衣―もう一度色を一定させるために煮洗いするということであろう―作浄は、お袈裟としていただく儀式をして、身につける、その全部の工程が述べられている。袈裟の縫い方は、現今と少しも変わっていない。

これだけを一日や二日でするのは大変である。そこで、あらく縫っておいて、あとでもう一度細かく刺す、という便法も抜かりなく記されている。

作衣の日限について、『四分律』二十六には、比丘尼が大衣を縫うのに五日を過ぎれば罪を得るとされ、『仏制比丘六物図』（元照撰）の夾注《きょうちゅう》に、「鼻那耶《びなや》に七条は五日、五条は二日」ということがあって、これが一般に行なわれたようである。しかし、道元禅師の言われる、「作衣の日限」は『摩訶僧祇律』のそれをさすであろう。

道元禅師は、山城の生蓮坊の夫人が潔斎して織り上げた細布を大変よろこばれ、御自身で袈裟に仕上げられた。その袈裟は懐奘《えじょう》禅師から徹通義介《てっつうぎかい》、瑩山紹瑾《けいざんじょうきん》、明峰素哲を経て、大智禅師に至っている。その次第は『法衣相伝書』という文書になって、現在熊本の広福寺にあり、熊本県立美術館に委託されている（一七頁写真）。御自身、手間のかかる刧刺の袈裟を手がけておられるので、「作衣の日限ありといへども、いま末法澆季《ぎょうき》なり、遠方辺邦なり」ということで、「信心のもよほすところ裁縫をえて受持せんにはしかじ」と言われる。道元禅師が末法だから辺邦だからと言って妥協を示されるのは、おそらくここだけであろう。何はともあれ、袈裟は、縫って、かけることが大切なのである。

十八　在家の人天《にんでん》なれども

在家の人天なれども、袈裟を受持することは、大乗最極《だいじょうさいごく》の秘訣《ひけつ》なり。いまは梵王・釈王[1]、ともに袈裟を受持せり。欲色《よくしき》の勝躅《しょうちょく》なり、人間には勝計《しょうけ》すべからず。在家の菩薩、みなともに受持せり。震旦国には梁《りょう》[2]武帝《ぶてい》、隋煬帝《ずいようだい》[3]、ともに袈裟を受持せり。代宗・粛宗《しゅくそう》ともに袈裟を著し、僧家に参学し、菩薩戒を受持せり。その余の居士《こじ》・婦女《ぶにょ》等の受袈裟、受仏戒のともがら、古今の勝躅なり。

日本国には聖徳太子[4]、袈裟を受持し、法華《ほっけ》・勝鬘《しょうまん》等の諸経講説《こうぜつ》のとき、天雨宝花《てんうほうけ》の奇瑞《きずい》を感得す。それよりこのかた、仏法わがくにに流通《るずう》せり。天下の摂籙《しょうろく》なりといへども、すなはち人天《にんでん》の導師なり。ほとけのつかひとして衆生の父母《ぶも》なり。いまわがくに、袈裟の体《たい》・色《しき》・量《りょう》ともに訛謬《けびゅう》せりといへども、袈裟の名字《みょうじ》を見聞する、ただこれ聖徳太子の御ちからなり。そのとき、邪をくだき正《しょう》をたてずは、今日かなしむべし。のちに聖武《しょうむ》[5]皇帝、また袈裟を受持し、菩薩戒をうけまします。

しかあればすなはち、たとひ帝位なりとも、たとひ臣下なりとも、いそぎ袈裟を受持し、菩薩戒をうくべし。人身《にんじん》の慶幸《けいこう》、これよりもすぐれたるあるべからず。

有ルガ[6]言《いわ》ク、「在家ノ受持スル袈裟ハ、一ニ単縫《たんふ》ト名ヅク、二ニ俗服ト名ヅク。乃《すなわ》チ未ダ却刺針《きゃくししん》シテ縫フコトヲ用ヰズ。又言ク、在家道場ニ趣《おもむ》ク時ハ、三法衣・楊枝《ようじ》・澡水《そうすい》・食器《じきき》・坐具[7]ヲ具シ、応《まさ》ニ比丘ノ如クニシテ浄行《じょうぎょう》ヲ修行スベシ」。

古徳の相伝かくのごとし。ただしいま仏祖単伝しきたれるところ、国王大臣、居士士民にさづくる袈裟、みな却刺《きゃくし》なり。盧行者《ろあんじゃ》[8]すでに仏袈裟を正伝せり、勝躅なり。

【訳】

在家の人間または天人でも、袈裟をいただいて身につけることは大乗の最上究極の秘訣である。現在では、梵天王・帝釈天、みな袈裟をいただいて身につけている。欲界、色界におけるすぐれた行ないの蹤《あとかた》である。人間ではいちいちかぞえあげることができない。在家の菩薩（在家の弟子）は、みなすべて袈裟をいただいて身につけている。中国では梁の武帝・隋の煬帝《ようだい》、みな袈裟をいただいて身につけていた。唐朝の第七代代宗、第八代粛宗《しゅくそう》も、みな袈裟を着用して、出家者について修行し、菩薩戒を受けて身につけていた。その他の居士や、婦人などで、袈裟を受け、仏戒を受けた人々は、古今を通じてのすぐれた行ないの蹤である。

日本国では、聖徳太子が袈裟をいただいて身につけられ、法華・勝鬘等の諸経を講説された時は、天から宝華がふるという奇瑞《すぐれたしるし》を感得された。それ以来、仏法がわが国にひろくゆきわたったのである。聖徳太子は天下の摂籙《しょうろく》、つまり摂政であるが、そのまま人間・天上の導師である。仏からつかわされた人として、衆生の父母である。現今わが国では、袈裟の財体・色・寸法ともに訛謬《まちが》っているが、袈裟という名字《なまえ》を見聞するのは、ただこれは聖徳太子の御ちからである。その時、不正をやぶり、正しいことを立てておいてくださらなかったならば、今日はかなしむべき状態になっていたはずである。その後、聖武天皇もまた、袈裟をいただいて身につけられ、菩薩戒をお受けあそばされた。

ということであるから、たとい帝位であっても、たとい臣下であっても、急いで袈裟をいただいて身につけ、菩薩戒を受けなさい。人と生まれた身の慶幸《しあわせ》、これよりすぐれたことはないはずである。

有る人が言う、「在家がいただいて身につける袈裟は、一に単縫《たんふ》と名づけ、二に俗服と名づける。却刺《かえしばり》では縫わないものである」。

また言う、「在家が修行の道場に趣《ゆ》く時は、三法衣・楊枝《ようじ》・操水《てあらいみず》・食器・坐具を用意し、比丘と同じに浄らかな行を修行しなさい」。

昔の高徳の僧の伝えたところはこの通りである。ただし、現今仏祖から仏祖にそっくり伝えられてきたところでは、国王・大臣・居士・士民にさずける袈裟は、みな却刺である。六祖は出家せず「盧行者《ろあんじゃ》」と言われていた時、すでに仏袈裟を正伝された。すぐれた行ないの躅《あとかた》である。

【注】

1　釈王　梵王とともに仏法を守護する神。須弥山の頂、忉利天《とうりてん》に住し、善見城の主。

2　梁武帝《りょうぶてい》　仏教を信じた天子で、自ら袈裟を着て『放光般若経』を講じたところ天花乱墜し、地は黄金に変じたという。仏道を修行し、天下に詔して寺を建て、青年が僧になることを許したので、人々は仏心天子と呼んだ（『碧巌』第一則評唱）。天監元年（五〇二）将軍郝騫等八十人を中天竺に遣わして仏像を求めさせ、天監十四年、武帝は百寮とともに四十里を歩行して大極殿に迎えた（『義楚六帖』巻一）。達磨大師が中国に上陸して直ちに武帝に会ったのも、このような仏教尊崇の天子であることを聞いていたからであろう。

3　**隋煬帝**《ずいようだい》　文帝の第二子。隋朝は仏教が盛んで、金銅・檀香・夾紵《きょうちょ》・牙石等の仏像大小十万六千五百八十躯を造り、また、古い仏像を修復すること五十万八千九百三十躯に上り、宮廷の中では常に刺繍や織物や画像の仏を造っていたという。『稽古略』によると経法師を請じて菩薩戒を受けたとあるから、袈裟をかけていたはずである。

4　**聖徳太子**　用明天皇の皇子。推古女帝の皇太子として摂政となった。『勝鬘《しょうまん》』『法華《ほっけ》』『維摩《ゆいま》』三経の義疏《ぎしょ》を著わし、袈裟をかけて『勝鬘経』を講じた時は蓮華が天から降ったといわれる（元亨釈書）。聖徳太子が物部氏の反対をしりぞけて仏教興隆に力を尽くされたことは、日本の仏教にとって重大な意味を持つものである。

5　**聖武帝**　この時、鑑真和上の来日を得て菩薩戒を受けられた。聖武帝のかけられた袈裟は、正倉院に残っている。

6　**有ルガ言ク**　『止《し》観《かん》輔《ぶ》行伝《ぎょうでん》弘決《ぐけつ》』二ノ二。

7　**坐具**　礼拝の時、袈裟が直接地面につかないように敷くもの。

8　盧行者《ろあんじゃ》　六祖慧能《えのう》。五祖の法を嗣《つ》いだ時はまだ出家しておらず、碓房《たいぼう》（米つき小屋）で米をついて働いていた。在家の形のままでも、法が伝わる時には袈裟が伝わるのである。

【解】

ここでは、在家の人が仏戒を受け、袈裟をかけるのが仏弟子として当然のことであり、六祖のごときは、在家のまま達磨大師の袈裟を伝えて仏祖となったことを説く。現在では、袈裟は出家だけがかけるものと思われているが、本来、袈裟は仏弟子の標幟《ひょうし》―旗じるし、目じるし―であるから、仏教信者となって仏戒を受ければ、袈裟をかけるのが当然なのである。その実態を、梵王・釈王という天人の中の王から始めて、中国の梁・隋・唐の帝王の例をあげる。

隋は三代で唐朝に亡ぼされたので、唐朝の史家は前朝の最後の皇帝などはあまりほめないことになっている。しかし敦煌の莫高窟《ばっこうくつ》の仏像を見ても、隋朝にいかに多くの巨大な像が作られたかがわかる。唐朝の代宗・中宗・粛宗が六祖の袈裟を内裏に拝請して礼拝したことは、この巻の最初に出た。粛宗・代宗は南陽慧忠（六祖の法嗣《はっす》）を師として仏教を学んだので、慧忠は国師と称されるのである。奈良朝に多くの寺が建立され、平安時代に宮中で仁王会《にんのうえ》・維摩会《ゆいまえ》等の法会が国家的規模で行なわれたのも、日本の朝廷が隋・唐の王朝の仏教尊崇にならうところが

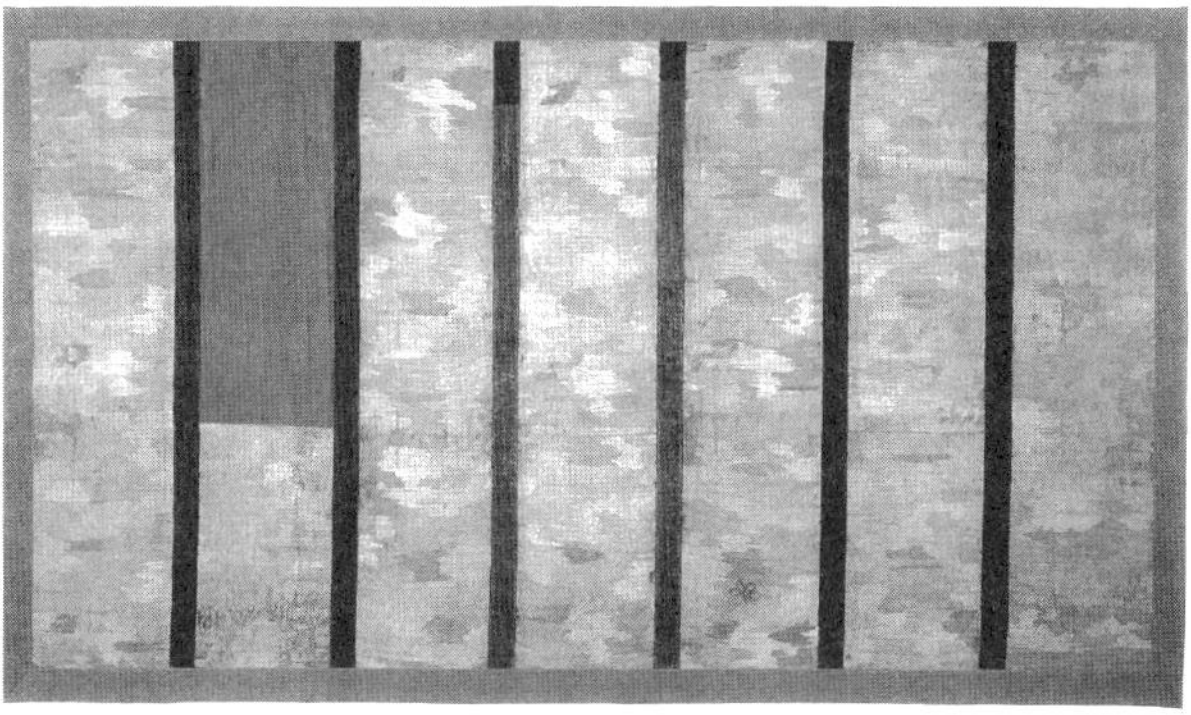
聖武天皇袈裟（正倉院蔵）

大きかったためと思われる。

聖徳太子は日本仏教の始祖として、各宗から尊崇される。新しい教えが入ってきた時、そのすぐれた点を理解して、物部氏と対立してでも仏教を受け入れたこと、大乗仏教の精髄ともいうべき『法華』『維摩』『勝鬘』等の経文の講説を自らすることができたこと、これらは、以後の日本仏教の興隆に大きな力を与えたことは疑い得ない。三経の義疏について、その中のあるものは聖徳太子の真撰でないという説もあり、敦煌出土の本の中に太子の義疏と非常に近いものがあるとの報告もあるが、そのような発見とは別に、日本人が、聖徳太子を仏教興隆の始祖と認めていたことは、事実なのである。

袈裟が仏弟子と離れないものであること、在家も袈裟をかけるのが正しいことを、聖徳太子が自ら示しておいてくださったことは、後世のわれわれとしてはありがたいことである。聖武天皇は鑑真和上から菩薩戒を受けたのであるから、その時、袈裟も受けられたのは当然である。聖武天皇が崩御の後、光明皇后が天皇の遺品を東大寺に寄付された。それが現在の正倉院にあるが、その目録の第一に天皇の九領の袈裟が掲げられている。

そのうちの一領は、昭和六十年十一月の奈良国立博物館における正倉院展に展示された。その袈裟には、大きく補修布が貼りつけられている。聖武天皇が補修を要するまでに袈裟をかけられたと考えるほかはない。「たとひ帝位たりとも、たとひ臣下なりとも、いそぎ袈裟を受持し菩薩戒をうくべし」――これが道元禅師の教えである。仏道に入るということは、仏弟子として生きることである。仏弟子になるには仏戒を受ける。それには必ず袈裟を受けてかける。そこから仏法の身心が始まるのである。

海中に龍門といふ処あり。浪しきりにうつなり。諸《もろもろ》の魚、波の処を過ぐれば必ず龍となるなり。故に龍門といふなり。今は云く、かの処、浪も他処に異ならず、水も同じくしはゆき水なり。然《しか》れども定まれる不思議にて、魚この処を渡れば必ず龍となるなり。魚の鱗《いろこ》も改まらず、身も同じ身ながら、忽《たちま》ちに龍となるなり。衲子《のっす》の儀式も是を以て知るべし。処も他所に似たれども、叢林《そうりん》に入れば必ず仏となり、祖となるなり。食《じき》も人と同じく（食し、衣も人と同じく）服し、飢《う》ゑを除き寒を禦《ふせ》ぐことも同じけれども、ただ頭を円《まろ》にし、衣《え》を方《けた》にして、斎粥《さいしゅく》等にすれば、忽ちに衲子となるなり。成仏作祖《じょうぶつさそ》も遠く求むべからず。ただ叢林に入ると入らざるとなり。龍門を過ぐると過ぎざるとなり（『随聞記』一ノ七）。

『随聞記』のこの教えは、仏弟子となって仏戒を受け、袈裟をかけて修行することを、龍門をこえた魚が龍になることと同じだと説いているのである。自分の身はもとの身と変わらないが、袈裟をかけると、仏法の不思議な功徳が身につくのである。これをかけて坐禅をすれば、成仏の行となるのである。

「人身《にんじん》の慶幸《けいこう》、これよりもすぐれたるあるべからず」――袈裟をかけて坐禅できる身になることが、人間と生まれた最高にしあわせなことであると道元禅師は言われるのである。

「有ルガ言ク」のところで、道元禅師も叡山で親しんだ『止観輔行伝弘決』の説を引かれる。天台に学んだ人は、たいてい『摩訶止観』を荊渓《けいけい》のこの注釈書で学んでいる。「在家がかける袈裟は却刺《かえしばり》で縫ってはいけないと書いてある」などと言い出す人がないでもない。人々が信用している注釈書に何とあろうと、釈迦牟尼仏からまっすぐ、仏祖から仏祖に伝えられたところは、そんな差別をしていない。みんなお袈裟は却刺にすればよい。却刺なればこそお袈裟なのである。中国で実際に見て来られた国王・大臣・居士・士民がいただいている袈裟は、みな却刺である。

「盧行者《ろあんじゃ》すでに仏袈裟を正伝せり」――袈裟は出家だけのものではない。在家も、仏弟子であるから、かけるのである。袈裟が正伝されるところ、法も正伝される。最もいい例が、震旦六祖となられた慧能禅師は、達磨大師のお袈裟を正伝した時はまだ在俗の人だった。在家の人が袈裟をかけるに当たって、こんな心強い先例はないであろう。「勝躅《しょうちょく》」とはこういうことである。

十九　おほよそ袈裟は、仏弟子《ぶつでし》の標幟《ひょうし》なり

おほよそ袈裟は、仏弟子の標幟なり。もし袈裟を受持《じゅじ》しをはりなば、毎日に頂戴したてまつるべし。頂上に安じて、合掌してこの偈《げ》を誦《ず》す。

大哉解脱服《だいさいげだっぷく》、
無相福田衣《むそうふくでんえ》。
披奉如来教《ひぶにょらいきょう》、
広度諸衆生《こうどしょしゅじょう》。

しかうしてのち著《じゃく》すべし。袈裟におきては、師想塔想をなすべし。浣衣《かんえ》頂戴《ちょうだい》のとき も、この偈を誦するなり。

仏言《のたま》ハク、「剃頭《ていず》シテ袈裟ヲ著《じゃく》セバ、諸仏ニ加護セラル。一人出家セバ、天人ニ供養セラル」。

あきらかにしりぬ、剃頭著袈裟《ていずじゃくけさ》よりこのかた、一切諸仏に加護せられたてまつるなり。この諸仏の加護によりて、無上菩提の功徳円満すべし。この人をば、天衆人衆《てんしゅにんしゅ》ともに供養するなり。

【訳】

おしなべて袈裟は、仏弟子の標幟《はたじるし》である。もし袈裟をいただいて身につけるようになったら、毎日、頭にのせて敬いなさい。頂《あたま》の上に安《の》せて、合掌してこの偈《げ》を唱える。

大いなるかな解脱服、

無相福田の衣《え》。

如来の教えを身につけたてまつり、

広く諸《もろもろ》の衆生を度《わた》さむ。

このようにしてから着用しなさい。袈裟においては、師の想《おも》い、仏舎利を納めた塔の想いをおこしなさい。袈裟を浣《あら》ったあと、頭にいただく時も、この偈を唱えるのである。

仏が仰せられた、「頭を剃って袈裟を著ければ、諸仏が加護してくださる。一人の人が出家すると、天人から供養を受ける」。

はっきりわかることである、頭を剃って袈裟をつけてから後は、一切諸仏の御加護をいただくのである。この諸仏の加護によって、無上菩提の功徳が円満するはずである。この人を、天上界の衆生も、人間界の衆生も、みな供養するのである。

【解】

ここは仏弟子と袈裟との日常のあり方である。仏弟子としては、旗じるしである袈裟から一日も離れてはならない。その旗じるしは仏身であり仏心であるから、身につけるに当たっては必ず文字通り頭にのせて敬う。そして袈裟頂戴の偈《げ》を唱える。道元門下の道場では、現在も、一日の初めにお袈裟をかける時にはこの作法が行なわれる。文字通りの「頂戴」である。

「頭を剃って袈裟をかける」――これが仏弟子の最上の境涯である。五聖功徳で、破戒僧や、貧窮下賤《びんぐうげせん》、戦乱の時の恐怖と、さまざまな理由で、ともかくも袈裟に救いを求めてその人ごとに救われる例を述べてきたが、ここに仏弟子として最高の袈裟のかけ方が示されるのである。

二十　世尊、智光比丘《ちこうびく》ニ告ゲテ言《のたま》ハク

世尊[1]、智光比丘ニ告ゲテ言《のたま》ハク、法衣ハ十勝利《じっしょうり》ヲ得《う》。

一ツニハ、能《よ》ク其ノ身ヲ覆《おお》ウテ、羞恥《しゅうち》ヲ遠離《おんり》シ、慚愧《ざんぎ》ヲ具足シテ、善法ヲ修行ス。

二ツニハ、寒熱及《およ》ビ蚊虫《もんちゅう》・悪獣・毒虫ヲ遠離シテ、安穏《あんのん》ニ修道ス。

三ツニハ、沙門[2]出家ノ相貌《そうみょう》ヲ示現《じげん》シ、見ル者歓喜シテ、邪心ヲ遠離ス。

四ツニハ、袈裟ハ即《すなわ》チ是レ人天《にんでん》ノ宝幢《ほうどう》ノ相ナリ、尊重シ敬礼《そんじゅうきょうらい》スレバ、梵天《ぼんでん》ニ生ズルコトヲ得《う》。

五ツニハ、著袈裟《じゃくけさ》ノ時、宝幢《ほうどう》ノ想ヲ生ゼバ、能ク衆罪《しゅざい》ヲ滅シ、諸《もろもろ》ノ福徳ヲ生ズ。

六ツニハ、本制ノ袈裟ハ、染メテ壊色《えしき》ナラシム、五欲[3]ノ想ヲ離レ、貪愛《とんあい》ヲ生ゼズ。

七ツニハ、袈裟ハ是レ仏の浄衣《じょうえ》ナリ、永ク煩悩ヲ断ジテ、良田《りょうでん》ト作《な》ルガ故ニ。

八ツニハ、身ニ袈裟ヲ著《じゃく》セバ、罪業消除《ざいごうしょうじょ》シ、十善業道《じゅうぜんごうどう》[4]、念々《ねんねん》ニ増長《ぞうじょう》ス。

九ツニハ、袈裟ハ猶《な》ホ良田ノ如シ、能《よ》ク菩薩ノ道《どう》ヲ増長スルガ故ニ。

十ニハ、袈裟ハ猶ホ甲冑《かっちゅう》ノ如シ、煩悩ノ毒箭《どくや》、害スルコト能《あた》ハザルガ故ニ。

智光当《まさ》ニ知ルベシ、是ノ因縁ヲ以テ、三世ノ諸仏、縁覚声聞《えんがくしょうもん》、清浄《しょうじょう》ノ出家、身ニ袈裟ヲ著《じゃく》シテ、三聖《さんしょう》同ジク解脱ノ宝牀《ほうしょう》ニ坐ス。智慧ノ剣ヲ執《と》リ、煩悩ノ魔ヲ破リ、共ニ一味《いちみ》諸《もろもろ》ノ涅槃界ニ入ル。


【訳】


世尊が智光比丘に告げて仰せになった、「法衣（袈裟）には十の勝《すぐ》れた利がある。

一つには、その身体を覆《おお》って羞恥《はずかし》い思いをしないですみ、心中深く慚愧《はじ》入る心をもって、道のためになる善きことを修行する。

二つには、寒さ・暑さや蚊や悪獣・毒虫を遠ざけ、安穏に道を修行する。

三つには、沙門出家の相貌《かたち》を示現し、これを見る人は歓喜して邪《よこしま》な心がなくなる。

四つには、袈裟はこれは人間、天上の宝の幢《はたぼこ》の相《かたち》である、尊び重んじ、敬い礼拝すると、梵天に生ずることができる。

五つには、袈裟を着用する時、宝の幢の想《おもい》をおこすと、衆《おお》くの罪を滅することができて、もろもろの福徳を生じる。

六つには、本来の制《つく》り方で作る袈裟は、色をかけて純正色でないものにする。五欲の想を離れて、貪《むさぼ》り、愛着する心がおこらない。

七つには、袈裟は、仏の浄らかな衣《おめしもの》である。永遠に煩悩を断じて菩提の良福田となるからである。

八つには、身に袈裟を著用すると、罪業が消し去られ、十善業道が一念一念に増長《そだ》ってゆく。

九つには、袈裟はちょうど良田のようなものである。よく菩薩の道を増長《そだ》てることができるからである。

十には、袈裟はちょうど甲冑《よろいかぶと》のようなものである。煩悩の毒箭《どくや》が身をそこなうことがないからである。

智光よ、よく知りなさい。この因縁によって、三世の諸仏、縁覚、声聞《しょうもん》、清浄の出家は、身に袈裟を著けて、菩薩・声聞・縁覚の三聖ともに解脱の宝床に坐すのである。智慧の剣をとり、煩悩の魔を破り、すべて一《ただひとつ》味の諸《もろもろ》の涅槃《さとり》の世界に入るのである」。

【注】

1 世尊、智光比丘ニ云々 『大乗本生心地観経』無垢性品第四。

2 沙門 出家して仏道を修める人。

3 五欲 色・声・香・味・触の対境にひかれるのが欲のもとである。五色の原色と対応させてある。

4 十善業道 十善の業。不殺生・不偸盗《ふちゅうとう》・不邪淫・不妄語《ふもうご》・不両舌《ふりょうぜつ》・不悪口《ふあっく》・不綺語《ふきご》・不貪欲《ふとんよく》・不瞋恚《ふしんに》・不邪見。

【解】

『大乗本生心地観経』は唐の憲宗が自ら序を書き、元和六年（八一一）罽賓《けいひん》の三蔵般若等が訳出した。中国の訳経は国家的事業であった。その翻訳に当たっては、梵文を唱える訳主のほかに、筆受・訳語・潤文・廻文・証義にそれぞれ専門の僧がいて、梵文との間に誤りがないかどうかを検討すると同時に漢文としてもすぐれたものになるよう力が注がれた。漢訳仏典は、このような国家的努力の上に成り立ったものなのである。

石山寺蔵の古写経巻には、長安の醴泉寺《れいせんじ》にいた日本僧霊仙が、筆受と訳語を受け持ったという記録がある。この経は父母の恩、国王の恩、衆生の恩、三宝の恩という四恩を説くので、日本でもよく読まれた経典である。

仏が王舎城耆闍崛山《ぎしゃくっせん》（霊鷲山《りょうじゅせん》）中で法を説いておられた時、王舎城の東北八十由旬《ゆじゅん》に長福という一小国があり、その国の長者智光は年老いてただ一人の子を持っていたが、父母に順《したが》わないで困っていた。釈迦牟尼如来が大乗報恩の法を説いておられると聞いて、眷属とともに仏の御許に来る。

そこで仏はさきの四恩とともに、その報恩のためには出家学道するのが最上であることを説く。そこで智光をはじめ諸《もろもろ》の長者は、仏の教えに従って出家する。智光長者は出家して智光比丘となり、出家して清浄な生活をするとはどういうことかを仏にたずねる。仏は四つの無垢性（清浄な生活の仕方）があるとして、衣服は袈裟、飲食は乞食、湯薬は人が捨てた薬を拾って用いて貪著《とんじゃく》を離れ、常に阿蘭若《あれんにゃ》所（寂静の所）に居るべきことを説かれる。その衣服としての袈裟の功徳を説かれたのが、法衣十勝利である。

又次に智光比丘、出家の菩薩は所著《しょじゃく》の衣《え》に於て応《まさ》に貪著《とんじゃく》すべからず。若《も》しは細《さい》、若しは麁《そ》、其の所得に随《したが》って恒《つね》に施者に於て福田を生ぜしめんが為にして麁悪《そあく》を嫌ふこと勿《なか》れ。衣の為に広く法要を説くことを得ざれ、諸の方便を起さば貪と相応す。世間の凡夫は衣服の為の故に非法に貪求して不善の業を造る。悪道に堕して無量劫を経《ふ》れども諸仏に遇ひたてまつらず、正法を聞かず、苦を受くること畢已《おわ》りて復《ま》た人間に生ず。貧窮困苦して求不《ぐふ》得《とく》の苦、昼夜に逼迫《ひっぱく》し、衣、形を蔽《おお》はず、食、命を支《ささ》へず。是の如きの衆苦、皆、先世に衣服の為の故に多く生命を殺して種種の形を造るに由る。出家の菩薩は即ち是の如くならず、其の所得に随って麁悪を嫌はず、但《ただ》慚愧を懐《いだ》いて以て法衣に充す。十勝利を得……。

とあって、今の十勝利が説かれる。

次の頌《じゅ》のあとにもあるように、「この十勝利、ひろく仏道のもろ〳〵の功徳を具足せり。長《じょう》行偈頌《ごうげじゅ》にあらゆる功徳、あきらかに参学すべし。披閲《ひえつ》してすみやかにさしおくことなかれ。句々にむかひて久参すべし」である。

爾《そ》ノ時ニ世尊、而《しか》[1]モ偈ヲ説イテ言《のたま》ハク、

智光比丘応善聴、　　智光比丘応《まさ》ニ善《よ》ク聴《き》クベシ、
大福田衣十勝利。　　大福田衣《だいふくでんえ》ニ十勝利アリ。
世間衣服増欲染、　　世間ノ衣服《えぶく》ハ欲染《よくぜん》[2]ヲ増ス、
如来法服不如是。　　如来ノ法服ハ是《かく》ノ如クナラズ。
法服能遮世羞恥、　　法服ハ能《よ》ク世[3]ノ羞恥《しゅうち》ヲ遮《さえぎ》リ、

慚愧円満生福田。
遠離寒暑及毒虫、
道心堅固得究竟。
示現出家離貪欲、
断除五見正修行。
瞻礼袈裟宝幢相、
恭敬生於梵王福。
仏子披衣生塔想、
生福滅罪感人天。
粛容致敬真沙門、
所為不染諸塵俗。
諸仏称讃為良田、
利楽群生此為最。
袈裟神力不思議、
能令修植菩提行。

[4]慚愧《ざんぎ》円満シテ福田ヲ生《しょう》ズ。
寒暑及ビ毒虫ヲ遠離《おんり》シテ、
道心堅固ニシテ究竟《くきょう》ヲ得《う》。
出家ヲ示現《じげん》シテ貪欲《とんよく》ヲ離レ、
[5]五見ヲ断除《だんじょ》シテ正修行ス。
袈裟宝幢《ほうどう》ノ相ヲ瞻礼《せんらい》シ、
恭敬《くぎょう》スレバ[6]梵王ノ福ヲ生ズ。
仏子披衣《ひえ》シテハ[7]塔想《とうそう》ヲ生ズベシ、
福ヲ生ジ罪ヲ滅シ人天《にんでん》ヲ感ズ。
粛容《しゅくよう》致敬《ちきょう》スレバ真ノ沙門ナリ、
所為《しょい》諸《もろもろ》ノ塵俗に不染《ふぜん》ナリ。
諸仏称讃シテ良田ト為シタマフ、
[8]群生《ぐんじょう》ヲ利楽《りらく》スルニハ此レヲ最《すぐ》レタリト為ス。
袈裟ノ神力《じんりき》不思議ナリ、
能《よ》ク菩提ノ行《ぎょう》ヲ修植《しゅじき》セシム。

道芽増長如春苗、
菩提妙果類秋実。
堅固金剛真甲冑、
煩悩毒箭不能害。
我今略讃十勝利、
歴劫広説無有辺。
若有龍身披一縷、
得脱金翅鳥王食。
若人渡海持此衣、
不怖龍魚諸鬼難。
雷電霹靂天之怒、
披袈裟者無恐畏。
白衣若能親捧持、
一切悪鬼無能近。
若能発心求出家、

道ノ芽《めばえ》ノ増長スルコトハ春ノ苗ノ如ク、
菩提ノ妙果《みょうか》ハ秋ノ実《このみ》ニ類《に》タリ。
堅固金剛ノ真甲冑《しんかっちゅう》ナリ、
煩悩ノ毒箭《どくや》モ害スルコト能ハズ。
我レ今《いま》略シテ十勝利ヲ讃《ほ》ム、
歴劫《りゃっこう》ニ広説《こうせつ》ストモ辺《ほとり》有ルコト無ケン。
若《も》シ龍有リテ身ニ一縷《いちる》ヲ披セバ、
[9]金翅《こんじ》鳥王《ちょうおう》ノ食《じき》ヲ脱《まぬが》ルルコトヲ得ン。
若シ人《ひと》海ヲ渡ランニ、此ノ衣《え》ヲ持セバ、
[10]龍魚諸鬼ノ難ヲ怖《おそ》レジ。
雷電霹靂《びゃくりゃく》シテ天ノ怒リアランニモ、
袈裟ヲ披《き》タル者ハ恐畏《おそれ》無ケン。
[11]白《びゃく》衣《え》若シ能ク親シク捧持《ぶじ》セバ、
一切ノ悪鬼能ク近ヅクコト無ケン。
若シ能ク発心シテ出家ヲ求メ、

厭離世間修仏道、　世間ヲ厭離《えんり》シテ仏道ヲ修セバ、
十方魔宮皆振動、　[12]十方ノ魔宮《まぐう》皆ナ振動シ、
是人速証法王身。　是ノ人[13]速《すみ》ヤカニ法王ノ身ヲ証セン。

この十勝利、[14]ひろく仏道のもろ〳〵の功徳を具足せり。長行偈頌《じょうごうげじゅ》にあらゆる功徳、あきらかに参学すべし。披閲《ひえつ》してすみやかにさしおくことなかれ。句々にむかひて久参すべし。

この勝利は、ただ袈裟の功徳なり、行者の猛利恒修《みょうりごうしゅ》のちからにあらず。
仏言《ぶつごん》、「袈裟神力不思議《けさじんりきふしぎ》」。いたづらに凡夫《ぼんぷ》[15]賢聖《けんじょう》のはかりしるところにあらず。
おほよそ[16]「速証法王身」のとき、かならず袈裟を著《じゃく》せり。袈裟を著せざるものの法王身を証せること、むかしよりいまだあらざるところなり。

【訳】

その時、世尊はかさねて偈《げ》を説いて仰せられた。
　智光比丘まさによく聴きなさい、
　大福田衣に十の勝《すぐ》れた利がある。

世間の衣服は欲の染《けがれ》を増すが、
如来の法服にはそのようなことがない。
法服はよく世間の羞恥をさえぎり、
自ら慚愧《はじ》る心が円満して福《さいわい》を生ずる田である。
寒さ暑さと毒虫を遠ざけ、
道心堅固にして究竟《くきょう》を得る。
出家を示現して貪欲《むさぼり》をはなれ、
五つの悪見を全くなくして正しく修行する。
袈裟の宝幢《ほうどう》の相《かたち》をおがみ礼拝し、
恭敬《うやまい》をいたすと梵天王の福を生ずる。
仏子は袈裟をかけたなら、仏舎利塔の想《おも》いをおこしなさい、
福を生じ罪を滅し、人間・天上の生をうける。
容《かたち》をただし、敬いをいたせば真の沙門である、
所為《しわざ》はすべて諸《もろもろ》の俗世の塵《ちり》にけがされない。
諸仏は称讃《ほめ》て良田と仰せられる。

群生（衆生）に利益を与え楽を与えるには、これを最上とする。
袈裟の神力は不思議である。
菩提《さとり》の行を修め、植えつける力がある。
道の芽《めばえ》の増長《そだ》つことは、春の苗のようである。
菩提の妙果のみのること、秋の実《このみ》のようである。
堅固な金剛の真甲冑である、
煩悩の毒箭《どくや》もそこなうことができない。
如来《わたし》は今略して十の勝れた利を讃《ほ》めるが、
無限の長時を経てひろく説いても、説き尽くすことはないであろう。
もし龍が、袈裟の糸すじ一本でも身につけると、
金翅鳥王《こんじちょうおう》のえじきになるのをのがれる。
もし人が航海にこの衣《けさ》を持っていると、
龍魚諸鬼の難に会うことがない。
雷鳴《かみな》り稲妻はためいて天が怒る時にも、
袈裟をつけていれば、恐畏《おそれ》ることはない。

白衣《ざいけ》の人がもし親しく手にささげ持つことができれば、
一切の悪鬼は近づくことができない。
もし発心して出家を求めることができて、
世間を厭《いと》い離れて仏道を修行すれば、
十方の魔宮は皆震動して、
この人は直ちに法王の身を実証するであろう。

この十勝利は、ひろく仏道の多くの功徳をそなえている。経の散文・偈頌《げじゅ》に説かれている功徳を、はっきりと、修行の上から身につけなさい。披閲《ひらいてみ》ただけで、すぐさまさしおいてはならない。一句一句に目をつけて、長い間にわたり参究しなさい。

この勝れた利は、ただひとえに袈裟の功徳である。修行者の勢いたけく、生まれつきするどく、長い間修行した力ではない。

仏が仰せられた、「袈裟の神力《じんりき》は不思議である」。かいもなく凡夫や、三賢十聖といった高位の菩薩がおしはかり知るところではない。

おしなべて「直ちに法王の身を実証する」時には、必ず袈裟を身につけている。袈裟を身につけていない者が、法王の身を実証したことは、昔からかつてなかったところである。

【注】

1　而《しか》モ偈《げ》ヲ説イテ　前に散文（長行）で説いたところを、さらに偈《げ》（韻文）で説く。

2　欲染《よくぜん》　貪欲《とんよく》の心が清浄の本心をけがす。美服を着れば、さらにその上の美服が求められる。

3　世ノ羞恥《しゅうち》ヲ遮《さえぎ》リ　長行では「其ノ身ヲ覆《おお》ウテ羞恥ヲ遠離ス」とある。人間は裸ではいられない。身を覆うものがあって人間らしい生き方ができる。

4　慚愧《ざんぎ》　慚は自ら内心にかえりみて恥じること。愧は他に対して自分の罪をはじること。貪《とん》（むさぼり）・瞋《じん》（いかり）・痴《ち》（おろか）の三毒に次いで、無慚・無愧が煩悩の代表である。仏衣をかけるところに自ら仏でありながら仏に遠ざかる生活をしていることを自ら恥じ、人に対して恥じる心がおこってくるのである。

5　五見　五種の悪見。身見（この身が真実にあると思う考え）・辺見（偏った考え）・邪見（因果を無視する考え）・見取見《けんじゅけん》（一つの主義にとらわれる考え）・戒禁取見《かいごんじゅけん》（してはならないことを勝手に決める考え）の五見。見は考え方、思想。

6　梵王　梵天王。色界の第一初禅天《しょぜんてん》の王。梵天は仏教に帰依し、仏教を守護する神。仏教信者となり、仏弟子となって修行した人が梵天に生まれるとされる。

7 **塔想ヲ生ズ**　仏道修行はわれわれの仏性を実証することである。塔―ストゥーパ―は、仏舎利を納めてある。われわれも袈裟をかけるところに、世尊の皮肉骨髄の正伝があるのである。

8 **群生《ぐんじょう》ヲ利楽《りらく》スル**　衆生に利益を与え、安楽を与えるのは、仏衣を着て、衆生はすべて仏性としての存在であることを知らせることである。

9 **金翅鳥王《こんじちょうおう》ノ食《じき》ヲ脱《まぬが》ル**　本巻最初に出た『海龍王経』の話である。

10 **龍魚諸鬼ノ難、雷電霹靂《びゃくりゃく》**「或漂流巨海、龍魚諸鬼難、念彼観音力、波浪不能没。雲雷鼓掣電《くせいでん》、降雹澍《ごうばくじゅ》、大雨、念彼観音力、応時得消散」という『観音経』の文句と全く同じである。「海ヲ渡ル」とは、生死《しょうじ》の海を渡ることである。

人生航路にはさまざまな困難があり、悲嘆があり、思いがけない運命に見舞われる。しかし、いかなることが起ころうとわれわれが生きているという現実の中の様相であり、自己の正体は決してそれによって左右されないことに気がつけば、恐れる必要はない。観音と同じ無畏《むい》の力を、袈裟が与えてくれる。雷電霹靂、天の怒りを受けたかと思われるような事態に出会っても、その雷電を雷電と認めているのは袈裟かけた私自身の力である。畏れることはないのである。

11 **白衣《びゃくえ》若シ能《よ》ク……**　在家も袈裟をいただくところから、一切の障害に悩まされることのない生き方ができてくる。

12 **十方ノ魔宮皆ナ振動**　一人出家する時は、十方仏土の諸菩薩は同行《どうぎょう》ができたと喜び、十方の魔宮は振動する。

13 速ヤカニ法王ノ身ヲ証セン　法王の身すなわち仏身は、袈裟かけたところに実現する。

14 ひろく仏道のもろ〱の功徳を具足せり　仏で生きる生き方の功徳は、袈裟の功徳にすべて具わっている。

15 賢聖《けんじょう》　三賢は菩薩五十位のうちの十住十行十回向の三十位。十聖はその上の十地の位。仏に最も近い位。

16 速証法王身　「速ヤカニ法王の身ヲ証セン」の原文。

【解】

袈裟功徳のクライマックスともいうべき一段である。一見、袈裟の功徳をさまざまに説いている平易な文のようである。しかし、ここには仏道で生きる生き方の功徳がすべて説かれている。

「長行偈頌《じょうごうげじゅ》にあらゆる功徳」――そこに盛りこまれた袈裟の功徳は、すなわち仏道（仏で生きる生き方）の功徳である。よくよく実際にあてはめて考えてみなければならない。「披閲して速やかにさしおくなかれ、句々にむかひて久参すべし」と言われるゆえんである。

しかも、「この勝利は、ただ袈裟の功徳なり、行者の猛利恒修《みょうりごうしゅ》のちからにあらず」——仏道の功徳をいただくのは自分の努力や修行の力によるものではない。袈裟かけたところに自己の仏性がはたらき出して、仏としての生き方が実現する。「釈迦如来・迦葉尊者、ともに証上の修に受用せられ、達磨大師・大鑑高祖（六祖）おなじく証上の修に引転せらる」（弁道話）とはこのことである。われわれは仏法に引っ張り回されて坐禅までもするのである。その呼び水が袈裟である。

「行者の猛利恒修のちからにあらず」——われわれは実は眠っている間も仏法で生かされているのである。もし自分の力で修行するのなら、眠ってもいられない。ここにわれわれは、もし自力他力を言うならば、仏法の絶対他力を見なければならない。われわれの生命が仏法で生かされているから、われわれは安心して眠れるのである。

われわれのところに袈裟があるということが、その保証なのである。われわれがいただいている身が法王身—仏身であったことの実証が、袈裟かけたところに実現する。これが「即証法王身」である。

二十一　その最第一清浄《さいだいいちしょうじょう》の衣財《えざい》は、これ糞掃衣《ふんぞうえ》なり

その最第一清浄の衣財は、これ糞掃衣なり。その功徳、あまねく大乗小乗の経律論のなかにあきらかなり。広学咨問《こうがくしもん》すべし。その余の衣財、またかねあきらむべし。仏々祖々、かならずあきらめ、正伝しましますところなり、余類のおよぶべきにあらず。

[1]中阿含経《ちゅうあごんきょう》ニ曰ク、復《ま》タ次ニ諸賢、或《も》シ一人有リテ、身浄行《しんじょうぎょう》、口意不浄行《くいふじょうぎょう》ナランニ、若シ慧者《えしゃ》見テ、設《も》シ恚悩《いのう》ヲ生ゼバ、応当《まさ》ニ之ヲ除クベシ。諸賢或《も》シ一人有リテ、身不浄行、口浄行ナランニ、若シ慧者見テ、設シ恚悩ヲ生ゼバ、当《まさ》ニ云何《いかん》ガ除クベキ。諸賢、猶《な》ホ[2]阿練若《あれんにゃ》比丘《びく》ノ如キ、糞掃衣ヲ持《たも》チ、糞掃ノ中ノ所棄《しょき》ノ弊衣《へいえ》ノ、或《ある》イハ大便ニ汚《けが》レ、或イハ小便洟唾《いだ》、及ビ余ノ不浄ニ染汚《ぜんわ》セラレタルヲ見ンニ、見已《みおわ》リテ、左ノ手ニ之ヲ執リ、右ノ手ニ舒《の》ベ張リテ、若シ大便・小便・洟唾、及ビ余ノ不浄ニ汚《けが》サルル処ニ非ズ、又穿《う》ゲザル者ヲバ、便《すなわ》チ裂キテ之ヲ取ル。

是《かく》ノ如ク諸賢、或《も》シ一人有リテ、身不浄行、口浄行ナランニ、彼ノ身ノ不浄行ヲ念《おも》フコト莫《なか》レ。但《た》ダ当《まさ》ニ彼ノ口《く》ノ浄行ヲ念フベシ。若シ慧者《えしゃ》見テ、設《も》シ恚悩《いのう》ヲ生ゼバ、応《まさ》ニ是《かく》ノ如ク除クベシ。

これ阿練若比丘《あれんにゃびく》の、拾糞掃衣《しゅうふんぞうえ》の法なり。四種の糞掃あり、十種の糞掃あり。その糞掃をひろふとき、まづ不穿《ふせん》のところをえらびとる。つぎには大便小便、ひさしくそみて、ふかくして浣洗《かんせん》すべからざらん、またとるべからず。浣洗しつべからん、これをとるべきなり。

【訳】

袈裟の最第一清浄の衣財は、糞掃衣である。その功徳は、ひろく大乗・小乗の経・律・論の中にはっきり説かれている。広く学び、指導者にたずねなさい。そのほかの衣財についても、合わせてはっきりさせなさい。どの仏もどの仏も、どの祖師もどの祖師も、必ずはっきりさせ、正伝あそばされたところである。ほかの者どもの及ぶところではない。

『中阿含経』に言っている。また次に諸賢よ、もし一人の人があって、身《しん》・口《く》・意《い》のうち、身の行ないが浄《きよ》くて口と意の行ないが浄くないとする。知慧ある者が見て、もし恚悩《いかり》の心がおこったら、それは除かなければならない。諸賢よ、もし一人の人があって、身の行ないが浄くなく、口の行ないは浄いとする。知慧ある者が見て、もし恚悩の心がおこったとしたら、どうしてこの心をとり除いたらいいか。

諸賢よ、それには阿練若比丘《あれんにゃびく》が糞掃衣を持ったようにしたらいいのである。糞掃《はきだめ》の中に捨てられたふる着で、あるいは大便でよごれ、小便や洟《はなじる》や唾や、その他の不浄でよごれた布を見て、よく見てから左の手でこれを持ち、右の手でひろげて、もし、大便・小便・鼻水・唾その他の不浄でよごれていない所、また穴のあいていない所があったら、切り裂いて

遠山糞掃衣着用

取るのである。

このように諸賢よ、もし一人の人があって、身の行ないは浄くなく、口の行ないが浄かったら、その人の身の浄くない行ないを念《おも》ってはならない。ただその人の口の行ないの浄い所だけを念いなさい。知慧ある者がこの人を見て、もし恚悩《いのう》の心がおこったら、このようにしてその恚悩を除きなさい。

これが阿練若比丘が糞掃衣を拾った法《やりかた》である。四種の糞掃衣がある。十種の糞掃衣がある。その糞掃衣を拾う時、まず穴のあいていない所をえらんで取る。次には大便・小便がついて長くたち、しみついて浣《あら》ってもとてもだめそうなのは取ってはならない。洗ったらきれいになりそうなのは、取るべきである。

【注】

1 **中阿含経ニ曰ク云々** 『中阿含経』五、舎利子相応品「水喩経」第五。

2 **阿練若比丘《あれんにゃびく》** 阿練若は寂静処、閑静処と訳す。人里離れ、比丘が修行するに最もよい場所とされる。

【解】

袈裟の功徳を讃嘆し終わったところで、再び、その袈裟の中でどんな袈裟が最も清浄であるかということで、糞掃衣の話になる。糞掃衣―はきだめから拾ってきた布―が仏衣になる。そこには、われわれのこの世での生き方が示されている。

『中阿含経』の舎利子相応品というのは、仏が給孤独園《ぎっこどくおん》におられた時、舎利弗尊者《しゃりほつそんじゃ》が仏弟子たちに恚《いかり》の煩悩を除く五つの法を説いた章である。われわれは人に対して、ついつい怒りの感情を持つ。真面目な人ほど他人の悪事や欠点が目について心穏やかでいられない。その時、どのようにしてその怒りから、自ら解放されることができるか。

人の行為は身《しん》・口《く》・意《い》の三業《さんごう》ですべてがとらえられる。

身に不浄行があるが、口は浄行である。

口は不浄行であるが、身は浄行である。

身も不浄行、口も不浄行であるが、心に少しばかり浄行がある。――やっていることもよくないし、言うこともよくない。しかし、心の中には少しばかりいいところがある、ということである。

身も不浄行で口も心も不浄行である。

身も浄行、口意も浄行。
身は不浄行であるが、口意は浄行である。

経典は例によって、あらゆる場合を数え上げる。ここの「浄行」とは、仏の教えにかなった執着のない心と考えてほしい。「身も浄行、口も心も浄行」の人は、問題がないように思われるが、それは世間の善悪の判断である。それを見る人間は勝手なもので、欠点がなければないで心中穏やかでない。そこをどう収めるかである。

経文はこのように六通りの場合をあげるのであるが、道元禅師は「身浄行、口意不浄行」「身不浄行・口浄行」の二つだけあげる。このところ写本間に異文があるのは、経典に当たった人が、原典との差の処理に困った結果であろう。

とにかく、言っていることと、していることと、心に思っていることと、どこかその悪いところだけ見て文句を言うのが普通の人間の常である。それで心穏やかでいられなくてイライラして、自分の本来の生き方まで狂わせるのである。仏の教えは一切法仏法である。その中に浄行もあれば不浄行もある。浄行は取ればいい。不浄行は捨てればいい。浄行はさらに洗いきよめて縫い合わせて、仏衣が現成する。それが糞掃衣である。

阿練若《あれんにゃ》は「阿蘭若」とも書く。比丘の修行に最も適した所とされる。十勝利の説かれた『大乗本生心地観経』の第五巻は阿蘭若品《ぼん》で、仏弟子は阿蘭若処に住することによって仏道修行者のあらゆる功徳が身につくことを述べている。阿練若処に住む比丘なればこそ、糞掃衣が身につくのである。

十種糞掃衣[1]

一、牛嚼衣《ごしゃくえ》。
二、鼠噛衣《そこうえ》。
三、火焼衣《かしょうえ》。
四、月水衣《がっすいえ》。
五、産婦衣《せんぷえ》。
六、神廟衣《じんみょうえ》。
七、塚間衣《ちょうけんえ》。
八、求願衣《ぐがんえ》。
九、王職衣《おうしきえ》。
十、往還衣《おうげんえ》。

この十種、ひとのすつるところなり、人間のもちゐるところにあらず。これをひろうて袈裟の浄財とせり。三世諸仏の讃歎《さんだん》しましますところ、もちゐきたりましますところなり。

【訳】

十種の糞掃衣

一、牛嚼衣（牛のかんだ衣類）
二、鼠噛衣（ねずみがかじった衣類）
三、火焼衣（焼けこがした衣類）
四、月水衣（婦人の月のものでよごれた衣類）
五、産婦衣（産婦がよごした衣類）
六、神廟衣（神廟にそなえたもの、また鳥などがくわえてきた持ち主のない衣類）
七、塚間衣（墓場などに捨てた死者の衣類）
八、求願衣（願がけのために使われた衣類）
九、王職衣（朝廷の位階にしたがって決められた衣類）

十、往還衣（死者に着せて葬場まで行き、帰途、捨てた衣類）

この十種は、人が捨てたものである。人間界で使うものではない。これを拾って、袈裟の浄財としている。三世の諸仏が讃歎《ほめたた》えあそばされるところ、お用いあそばしておいでになったところである。

【注】

1　**十種糞掃衣**　『四分律』巻第三十九に、「糞掃衣に十種有り」としてこの十があげられる。「神廟衣」は「神廟中衣、若《も》しは鳥銜《ついば》み、風吹いて離処せる者」とある。廟中に供えたものを、鳥がくわえて行ったり、風に吹き散らされて廟中を離れたものをいう。

【解】

人がいらないとして捨てたものは、人の欲がかかっていないから最も清浄《しょうじょう》である。しかし、インドでも貧富さまざまな人がいて、糞掃衣——捨てた衣類——を拾うにも競争相手がなかったわけではない。

戦争で死人が多く出た。比丘が仏に、死人の衣を取りに行っていいかと尋ねる。仏は言われる。「取りに行ってもいい。しかし先に取りに行っている人があったら、その人たちに取らせなさい。ほかに取る人がなければ取りなさい」。

死人だと思って着物をはいだら、まだ本当に死んでいなかったこともある。その場合は、「まだ本当に死んでいない人の着物を取ってはならない」と仏は言われる。

豪族の子が出家して糞掃衣を拾って僧伽梨衣《そうぎゃりえ》を作ると聞いて、波斯若王《はしのくおう》の王妃が、わざわざ高価な衣類を破り、不浄をつけて棄てておいた。比丘はこういう場合、拾っていいものかどうかわからないので仏に尋ねた。仏は、「拾ってよろしい」と言われた、という話もある。

さらに長者（富豪）は、このような豪族出身の出家者のために立派な衣類を道に捨て、しかもほかの人に取らせまいとして番人をつけておいた。比丘はその前を見ないふりをして通り過ぎた。番人は「あなたはどうして前だけ見て、この衣類を見ようとしないのですか」と尋ねた。こういう場合どうしたらいいか、比丘たちは仏に尋ねた。仏は、「取ってもよろしい」と言われた、というような律義《りちぎ》な話もある。

墓場は糞掃衣の宝庫であった。二人の比丘が糞掃衣を取りに墓場に行った。糞掃衣を見て、互いに「おれのだ」「おれのだ」と争いになった。仏はこれに対して、「糞掃衣に持ち主はない。二人で行ったのなら二人で分けなさい」と言われた。

死人にたくさんの着物を着せて、墓場へ行く行列が見えた。一人の比丘が、「今行けばたくさんの糞掃衣が手に入る、行かないか」とほかの一人の比丘を誘った。誘われた比丘は、「お前行って取ってこい。おれは行かない」と言った。誘った比丘は一人で墓場へ行って、しこたま糞掃衣を拾って帰ってきて洗っていた。さきの誘われた比丘が、「そんなにあるなら、おれにもよこせ」と言った。「一緒に行きもしないで、分け前をよこせは虫がいい」と争いになった。仏は、「自分で行って拾ってきた者のものである」と言われた。

糞掃衣については、こんなのどかな話がいっぱい伝わっている。

十種の糞掃の名を見ていると、おのずからその様子が浮かんでくる。これが「袈裟の浄財」となる。三世の諸仏が最も讃嘆されるものである。

次は道元禅師が糞掃衣を讃嘆される。

しかあればすなはち、この糞掃衣《ふんぞうえ》は、人《にん》・天《でん》・龍等《りゅうとう》のおもくし擁護《おうご》するところなり。これをひろうて袈裟をつくるべし。これ最第一の浄財なり、最第一の清浄なり。いま日本国、かくのごとくの糞掃衣なし、たとひもとめんとすともあふべからず、辺地小国かなしむべし。ただ檀那所施《だんなしょせ》の浄財、これをもちゐるべし。人天《にんでん》の布施《ふせ》するところ

の浄財、これをもちゐるべし。あるいは浄命《じょうみょう》[1]よりうるところのものをもて、いちにして貿易《むやく》せらん、またこれ袈裟につくりつべし。かくのごときの糞掃、および浄命よりえたるところは、絹にあらず、布《ふ》にあらず。金銀珠玉《こんごんしゅぎょく》、綾羅錦繍《りょうらきんしゅう》等にあらず、ただこれ糞掃衣なり。この糞掃は、弊衣《へいえ》のためにあらず、美服のためにあらず、ただこれ仏法のためなり。これを用著《ようじゃ》する、すなはち三世の諸仏の皮肉骨髄を正伝せるなり、正法眼蔵を正伝せるなり。この功徳、さらに人天に問著《もんじゃ》すべからず、仏祖に参学すべし。

正法眼蔵袈裟功徳第三

【訳】

ということであってみると、この糞掃衣は、人間界の人、天上界の人、龍神等が重んじ擁護《まも》るところである。これを拾って、袈裟を作りなさい。これが最第一の浄財である、最第一の清浄《しょうじょう》である。現在日本国には、このような糞掃衣《すてたきもの》がない。仮にさがそうとしても見つからない。仏生国《ぶっしょうこく》から遠く離れた地の小国であることを悲しまなければならない。ただ施主が施してくれた浄財は、これを用いなさい。人間・天上の布施をしてくれた浄財は、これを用いなさい。あるいは比丘として法にかなったきよらかな生活の中で得たものと、市で交換して手に入れたものなら、また袈裟に作ることができるのである。

このような糞掃《はきすてたもの》、また、法にかなったきよらかな生活の中で手に入れたところのものは、絹ではない、植物繊維ではない。金銀珠玉、綾羅錦繍《あやうすものにしきぬいとり》などではない。ただ糞掃衣である。この糞掃は、弊衣《くたびれたきもの》をまとうためではない、美服をかざるためでもない、ただ仏法のためである。これを身につけることは、とりもなおさず三世の諸仏の皮肉骨髄を正伝しているのである。正法眼蔵を正伝しているのである。この功徳は、決して人間界、天上界の人に問《たず》ねてはならない。仏祖に参学しなさい。

正法眼蔵袈裟功徳第三

【注】

1　浄命《じょうみょう》　比丘が四種の邪命（耕作・占《うらな》い・周旋・呪術によって生活の資を得ること）を離れ、乞食《こつじき》または信者の布施により生活すること。

邪命には、方邪（四方に使者となり、権力者や富豪の間を歩いて生活の資を得ること）、維邪（吉凶を占って生活の資を得ること）、仰邪《ぎょうじゃ》（星宿、日月等を観察して生活の資を得ること）、下邪（農耕で生活すること）の四邪、あるいは利養のために奇特の相を現じ、利養のために功徳を説き、吉凶を占って人のために説法し、大声を出して人を畏敬させ、供養を強要する等の五邪命がある。

【解】

牛がかんだ衣類、鼠がかんだ衣類、お産の時や月の障りでよごれた衣類、これはどうしようもないから捨てる。その中で、洗ったらよごれの落ちそうなものは拾ってくる。墓場へ行って、死人に着せてある着物をはいで、もらってくる。現在のわれわれにとっては身の毛のよだつようなものであるが、これが袈裟に作るには「最第一の浄財」「最第一の清浄」であると言われる。

仏法者は生も死も平等に見る。見るだけでなく、それを実際生活に体験する。世間では死を嫌がるから、死人の着た着物はえんぎでもない。しかし、生があったればこそ、この死もあるのである。生だけがよくて死は嫌いでは、勝手がすぎる。そして、絶対にいらないものとして捨てられた着物で、最第一清浄の袈裟ができる。少欲知足の生活を飾るには、最第一の衣財である。

「いま日本国、かくのごとくの糞掃衣なし」——と言われる。鎌倉時代の日本国は貧乏であった。『今昔物語』にある「羅城門」の話のように、飢饉や疫病で死んだ人の着物をはぎ、髪の毛を抜いて生活の糧にする人々もいた。追いはぎの話は枚挙にいとまがない。しかし、昭和も六十年を過ぎた日本の現在は、古着が余り、東京の夢の島では人の捨てたもので文化生活一切がととのうという。二千五百年前のインドは、ちょうど、今の日本のような繁栄があったわけである。

「檀那所施の浄財」——平安・鎌倉時代を通じて、反物は貨幣に代わる流通価値を持っていた。『随聞記』（一ノ十二）に、栄西が布施に絹一匹をもらい、人にも持たせず懐に入れて持ち帰り、明旦の粥の料にしようとした話も、布が米に換《か》え得るからである。「檀那所施の浄財」は、どうぞお袈裟にしてくださいと言って布施された衣財である。「人天の布施するところの浄財」は、思いがけないことで、お袈裟の衣財にと授かる布である。

「浄命よりうるところのもの」——注にもあるように、インドでは、托鉢・乞食が比丘の浄命食であるから、農耕などは邪命食であった。しかし仏教が中国に渡って、特に禅門の人たちは自給自足の生活をやむなくされたから、菜園を持ち、農耕も行なわれるようになった。しかしそれが財産を得るための手段となれば、やはり邪命である。「いちにして貿易《むやく》」するのは、鎌倉時代がまだ貨幣経済の時代でないからこういうことになる。このようにして手に入れた布は「絹《けん》にあらず、布《ふ》にあらず」――。前に何回か言われたように、絹は蚕の生命を絶って作るからよくない、などと言ってはならない。お袈裟にしようとして、ちょうどよく手に入るものがお袈裟の衣財である。「金銀珠玉、綾羅錦繡《りょうらきんしゅう》等にあらず」――たとえ綾羅錦繡であっても、人の欲望のかからないものは糞掃衣として袈裟になるのである。

「弊衣《へいえ》のためにあらず」――わざと見すぼらしいかっこうをして見せるというものではない。

「美服のため」でないことは言うまでもない。

「ただこれ仏法のためなり」――「行者、自身のために仏法を修すと念《おも》ふべからず、名利《みょうり》の為に仏法を修すべからず、果報を得んが為に仏法を修すべからず、霊験を得んが為に仏法を修すべからず、但《ただ》、仏法の為に仏法を修する、乃《すなわ》ち是れ道なり」（学道用心集）と言われる。仏道修行はただ仏法のためにする。袈裟が弊衣のためでなく、美服のためでなく、一切、私のためでないため、袈裟かけて修行するところに、私のためでない仏道修行が実現するのである。

「三世諸仏の皮肉骨髄を正伝せるなり」――三世諸仏の皮肉骨髄を正伝するということは、袈裟をかけて修行することである。

「正法眼蔵を正伝せるなり」――正法眼蔵という仏の悟りを正伝することなど、われわれと関係のない、どこか遠くの昔話のように思っている人の方が多いであろう。ところが、それは袈裟をかけるところにあった。そんなことが、と思う人は多いであろう。しかし、ほかならぬ道元禅師が言われるのである。ひとつ、だまされたと思って、正伝の袈裟をかけて仏道修行をしてみていただきたい。身体は仏と同じ身体である。そこに、仏と同じ衣裳を着るのである。そして、仏道修行は仏と同じ生活をするのである。「正法眼蔵を正伝する」ことは、この私が、この身をもって行ずるほかないのである。

「この功徳、さらに人天に問著《もんじゃ》すべからず」――袈裟の功徳は、正法眼蔵を正伝している仏祖にきくほかはない。普通の人間や、道宣がしたように韋駄天《いだてん》なんかに尋ねてはならない。仏祖に参学すれば、袈裟をかけたところで正法眼蔵が正伝される実物にお目にかかることができる。

二十二　予、在宋のそのかみ

予、在宋[1]のそのかみ、長連牀《ちょうれんじょう》に功夫《くふう》せしとき、斉肩《せいけん》の隣単《りんたん》をみるに、開静《かいじょう》[2]のときご

とに、袈裟をささげて頂上に安じ、合掌《がっしょう》恭敬《くぎょう》し、一偈《げ》を黙誦《もくじゅ》[3]す。その偈にいはく、

大哉解脱服《だいさいげだっぷく》、
無相福田衣《むそうふくでんえ》。
披奉如来教《ひぶにょらいきょう》、
広度諸衆生《こうどしょしゅじょう》。

ときに予、未曾見《みぞうけん》のおもひを生じ、歓喜《かんぎ》身にあまり、感涙ひそかにおちて衣襟《えきん》をひたす。

その旨趣《ししゅ》は、そのかみ阿含経《あごんきょう》[4]を披閲《ひえつ》せしとき、頂戴袈裟《ちょうだいけさ》の文《もん》をみるといへども、その儀則いまだあきらめず。いままのあたりみる、歓喜随喜《かんぎずいき》し、ひそかにおもはく、あはれむべし、郷土にありしとき、をしふる師匠なし、すすむる善友《ぜんゆう》あらず。いくばくかいたづらにすぐる光陰ををしまざる、かなしまざらめやは。いまの見聞《けんもん》するところ、宿善よろこぶべし。もしいたづらに郷間《きょうかん》にあらば、いかでかまさしく仏衣《ぶつえ》を相承著用《そうじょうじゃくよう》せる僧宝に隣肩することをえん。悲喜ひとかたならず、感涙千万行。

ときにひそかに発願《ほつがん》す、いかにしてかわれ不肖《ふしょう》[5]なりといふとも、仏法の嫡嗣《ちゃくし》となり、正法を正伝して、郷土の衆生をあはれむに、仏祖正伝の衣法《えほう》を見聞せしめん。

かのときの発願いまむなしからず、袈裟を受持《じゅじ》せる在家出家の菩薩おほし、歓喜するところなり。受持袈裟のともがら、かならず日夜に頂戴すべし。殊勝最勝《しゅしょうさいしょう》の功徳なるべし。一句一偈《げ》の見聞は、[6]若樹若石《にゃくじゅにゃくせき》の見聞、あまねく[7]九道にかぎらざるべし。袈裟正伝の功徳、わづかに一日一夜なりとも、最勝最上なるべし。

【訳】

わたしが、宋国にいた当時、坐禅堂内に長く並んだ床《ゆか》に座を占めて、坐禅修行をしていた時、隣にいた同輩の修行僧を見たところ、毎朝、坐禅が始まる合図の版《はん》の鳴るごとに、袈裟をささげて頂《あたま》の上に安《の》せ、合掌し、恭敬《うやまい》をいたし、一つの偈《げ》をそっととなえていた。その偈は次の通りである。

大いなるかな解脱服、
無相福田《むそうふくでん》の衣《え》。
如来の教えを身につけたてまつり、
広く諸《もろもろ》の衆生を度《わた》さむ。

その時、わたしは今まで見たことのないありがたいものを見た思いがおこり、歓喜は身に

袈裟頂戴（胡跪合掌）

あふれ、感涙が知らぬまに流れて、きものの襟《えり》をぬらしていた。

その旨趣《おもむき》は、以前『阿含経《あごんきょう》』を読んだ時、「袈裟を頂戴する時の文句」というのを見たが、その儀《やり》則《かた》ははっきりしなかった。今、それを目の前に見て、歓喜し随喜し、そして心中に思った。

「ああ、なげくべきことであった。郷土日本にいた時は、教える師匠もなく、すすめてくれる善友もなかった。益もなくすごした多くの月日を惜しみもしなかったのは、悲しまずにはいられないではないか。今ここで見聞するところは、前世の善根《ぜんごん》のおかげというべきもので、喜ばずにはいられない。もしなすこともなく生まれ故郷にすごしていたら、どうしてまぎれもなく仏衣《ぶつえ》を受け伝え、着用している僧宝の隣に肩をならべて坐禅をすることができたであろう」。悲しみ、喜びひとかたならず、感涙は千万行と、とめどもなくしたたり落ちた。

その時、心中ひそかに誓願をおこした、「どうかして、わたしは不肖の身であっても、仏法の正統のあとつぎとなり、正法を正伝して、郷土日本の衆生をあわれむに当たっては、仏祖正伝の袈裟と法を見聞させせよう」。

あの時の発願《ほつがん》が今実を結び、袈裟をいただいて身につけている在家出家の菩薩が多くいる。心から歓喜《よろこ》ぶところである。袈裟をいただいて身につけている人々は、必ず、朝に夕に頭にのせて敬いなさい。特別にすぐれ、最上にすぐれた功徳であろう。一句一偈を見聞することは、樹にも石にも仏の教えを見聞することで、九道（六道に声聞《しょうもん》・縁覚《えんがく》・菩薩を加えた世界）に限らずあまねくゆきわたるものであろう。袈裟を正伝する功徳は、わずか一日一夜であったとしても最勝、最上であろう。

【注】

1　**在宋のそのかみ**　道元禅師は貞応《じょうおう》二年（一二二三）、二十四歳の時、明全《みょうぜん》とともに入宋《にっそう》の途につき、三月下旬博多を発ち、四月初旬、明州に着き、七月、天童山景徳禅寺に掛錫《かしゃく》された。この時の天童山の住職は無際了派であり、如浄《にょじょう》禅師に出会うのは二年後である。袈裟頂戴の儀式は如浄禅師以前からあったと思われるので、これは天童山掛錫当初の感激であろう。

2 **開静**《かいじょう》　禅林で、早朝に静睡《じょうすい》をさますために打つ版（木で作った鳴らし物）。この音を聞いてから、袈裟をかけ、一日の修行が始まる。

3 **黙誦**《もくじゅ》　口の中で静かに唱えること。

4 **阿含経**《あごんきょう》　阿含経の出所未詳。道宣の『行持鈔資持記』には「披奉如戒行」、『禅苑清規』第九巻沙弥受戒文章には、「披奉如来戒」とある。

5 **不肖**　謙辞。

6 **若樹若石**《にゃくじゅにゃくせき》　雪山《せっせん》童子が、自分の身を与える約束で、阿修羅から「諸行無常、是生滅法《ぜしょうめっぽう》、生滅《しょうめつ》滅已《めつい》、寂滅為楽《じゃくめついらく》」の四句偈を聞き、阿修羅に食われる前に、樹にも石にもこの四句偈を書きつけたという『涅槃経』第十四に出る話がある。これは、真実は石にも樹にもしるされている、ということである。

7 **九道**　衆生九道の中に受記す、所謂《いわゆ》る三乗（声聞・縁覚・菩薩）の道。六趣（地獄・餓鬼・畜生・修羅・人間・天上）の道なり（大智度論三十三）。

【解】

道元禅師が袈裟を敬う姿にいかに感動したか。「袈裟功徳」巻撰述の動機ともいうべき体験が語られる。

道元禅師は貞応二年（一二二三）四月初旬、明州に着き、約三ヵ月船中にとどまって後、天童山に掛錫《かしゃく》された。同行の明全《みょうぜん》が直ちに天童山に上ったのに対して、別行動をとっている。なぜ到着後直ちに船を出なかったのか。その理由は今、不明である。しかし、この間に中国語を勉強されたことも考えられる。中国語に通じて、本当に師事するに足りる人を探そうという意図はあったであろう。船中で、阿育王山から来た典座《てんぞ》の老僧に会い、典座の真髄を聞いたことは『典座教訓』に記されている。そのような予備知識にもとづいて、夏安居《げあんご》明けの天童山に掛《か》搭《た》されたと思われる。

天童山の坐禅堂は千人以上を収容する大規模なものであった。坐禅堂または僧堂と呼ばれるこの建物では、畳一畳と寝具を入れる函櫃《かんき》という物入れだけが、二十四時間の起居の場である。それが千人分も配置されている。間に仕切りはない。これが長連牀《ちょうれんじょう》である。

決められた時刻に起きて洗面をすませ、坐禅をしていると、一日の修行が始まる合図の版《はん》が鳴る。それに合わせて袈裟の包みをひらき、袈裟を文字通り頭にのせて「大哉解脱服《だいさいげだっぷく》」の偈《げ》が唱えられる。道元禅師は『大仏寺弁道法』で一日一夜の修行の次第を説いておられ、今日の摂《せっ》心《しん》や参禅会も、泊り込みの時は大体これに拠って行なわれる。袈裟頂戴の儀式は、道元禅師が中国で見られたのと全く同じに行なわれる。道元禅師が「歓喜身にあまり、感涙ひそかにおちて衣襟《えきん》をひたす」と言われた感激の光景は、今日も毎回実現するのである。

道元禅師の時代の日本仏教界では、袈裟が尊ぶべきものであることも知らず、袈裟を敬う仕方も全く知られていなかった。文字通り頂（あたま）に戴《いただ》いて敬うこの儀式は、実見してはじめてわかるものである。

この時の発願《ほつがん》に「いかにしてかわれ不肖なりといふとも、仏法の嫡嗣《ちゃくし》となり、正法を正伝して」とあるのは、いかにもうなずける。そのために道元禅師は昼夜眠らぬ坐禅をして、如浄禅師の法嗣《はっす》となり、正伝の仏法を伝えられた。帰国されて直ちに撰述されたのは『普勧坐禅儀《ふかんざぜんぎ》』であった。だから、この発願も当然、日本に帰ったら日本中の人に坐禅をさせようと思う、と言われるものと思っていた。ところが、そうではない。「郷土の衆生をあはれむ」には、「仏祖正伝の衣法《えほう》を見聞せしめん」と、まず正伝の袈裟を見聞させようというものであった。正伝の仏法に親しむとは、まず、正伝の袈裟を見ることであった。正伝の袈裟の話を聞くことであった。

「かのときの発願いまむなしからず」——このところ、「伝衣」巻では次のようになっている。「かのときの正信、ひそかに相資することあらば、心願むなしかるべからず。いま受持袈裟の仏子、かならず日夜に頂戴する勤修《ごんしゅ》をはげむべし」。

「伝衣」巻は、仁治元年（一二四〇）深草の興聖寺《こうしょうじ》におられた時の撰述である。興聖寺開堂の天福元年（一二三三）から六、七年を経過している。その間、仏祖正伝菩薩戒を受けて仏子となった人々は、みな正伝の袈裟を受持していたであろうから、その人々に、日夜の頂戴を勧められるのは当然である。それから、さらに十年、「袈裟功徳」の撰述は、道元禅師の晩年、永平寺に移られてからである。

その間に、「かのときの発願いまむなしからず、袈裟を受持せる（受持シテイル）在家出家の菩薩おほし」と言われるようになった。ここに道元禅師のもとでは、出家はもちろん、在家も袈裟をいただいて修行していたことが明らかにされている。しかも、そういう人々が「おほし」と、一人や二人ではなかった。みんな、道元禅師のもとで仏弟子となった人は、袈裟をかけて修行したのである。そして道元禅師は「歓喜するところなり」と、手放しで喜んでおられるのである。

二十三　大宋嘉定《だいそうかてい》十七年癸未《きび》十月中

大宋嘉定[1]十七年癸未十月中に、高麗僧《こうらいそう》二人ありて、慶元府《きんげんふ》[2]にきたれり。一人は智玄《ちげん》となづけ、一人は景雲《けいうん》といふ。この二人、しきりに仏経の義を談ずといへども、さらに文学士[3]なり。しかあれども、袈裟なし、鉢盂《ほう》[4]なし、俗人のごとし。あはれむべし、比丘形《びくぎょう》なりといへども比丘法なし、小国辺地のしかあらしむるならん。日本国の比丘形のともがら、他国にゆかんとき、またかの智玄等にひとしからん。

釈迦牟尼仏、十[5]二年中頂戴《ちょうだい》してさしおきましまさざりき。すでに遠孫《おんそん》なり、これを学すべし。いたづらに名利《みょうり》のために天を拝し神《じん》を拝し、王を拝し臣を拝する頂門《ちょうもん》をめぐらして、仏衣頂戴《ぶつえちょうだい》に回向《えこう》せん、よろこぶべきなり。

ときに仁治元年庚子《こうし》[6]開冬日、観音導利興聖宝林寺ニ在ツテ示衆ス。

【訳】

大宋国嘉定十七年（一二二四）癸未《みずのとひつじ》十月中に、高麗僧が二人、慶元府（寧波）に来た。一人は智玄と名づけ、一人は景雲《けいうん》といった。この二人は、しきりに仏教経典の意義を語るのであるが、またその上文学にも心得のある人であった。ではあるが、袈裟もなく、鉢盂《ほう》（応量器）もなく、俗人のようであった。かわいそうに、比丘《びく》の形をしていても比丘の法がないのである。小国で辺地だからそういうことになったのであろう。日本国の比丘の形をした人々が、よその国へ行った時も、またあの智玄らと同じことであろう。

袈裟は、釈迦牟尼仏が、十二年中、頭にいただいて敬い、身からお放しにならなかった。すでにわれわれは遠い子孫である、これを学ばなければならない。益もなく名聞利養《みょうもんりよう》のため、天を拝し神を拝し、王を拝し王臣を拝する頂門《あたま》を転換して、仏衣を頭にいただいて敬うことに向けかえることは、喜ぶべきことである。

時に仁治元年（一二四〇）庚子《かのえね》十月一日、観音導利興聖宝林寺で門下に説いて教えた。

【注】

1　嘉定《かてい》十七年　癸未なら十六年である。

2　**慶元府**　天童山のある所。

3　**文学士**　文学に心得のある人。

4　**鉢盂**《ほう》　比丘が正式の食事の時用いる食器。応量器。三衣《さんね》一鉢《いっぱつ》と称して比丘の必ず携帯するものである。

5　**十二年中頂戴**　悉達太子《しったたいし》は出家して山に入った時、樹神から過去迦葉仏《かしょうぶつ》の袈裟を授けられ、成道まで苦行六年、端坐六年の間、頭に戴いて身から離されなかった。

6　**開冬日**　十月一日。この日から坐禅堂の炉に火が入れられる。

【解】

嘉定十七年は一二二四年であるが、癸未を正しいとすればその前年である。慶元府に来たとだけあるので、偶然出会った僧たちであろうか。小国辺地は日本も高《こう》

応量器を展《ひろ》げた図

麗《らい》も同じであった。

名聞利養のためには天も拝む、地も拝む、王様に頭を下げるぐらいならまだしも、その家来にまで頭を下げて歩く。それが浮世である。ひとたび出家すれば、王はもとより、親をも拝しないのが出家の原則である。ただ頭にのせて敬うのは、仏袈裟だけである。

「仁治元年庚子」は、深草の興聖寺で「伝衣《でんえ》」巻を説かれた日付である。道元禅師は「伝衣」巻に手を入れ、書き加えて「袈裟功徳」巻とされた。しかし日付は「伝衣」巻のままにしてある。これは「仏性」巻にずいぶん手を入れられたが、日付は最初に示された日のままであるのと同じである。

附録

お袈裟を縫うことから
お袈裟の縫い方

お袈裟を縫うことから

◇

仏教は、厖大な経典と、長い歴史をになっているので、特別な立場にない人には、きわめて入りにくいもののようである。私もまた、子供の時に、父を仏教の儀式によって葬るという経験を通っているにもかかわらず、それだけでは、仏教はどうしても生きてゆく道をさし示すものになってくれなかった。

仏教はまた、たいていの場合、キリスト教のように外に向かって信者をふやすことをその使命としていないので向こうから積極的に働きかけてきてくれない。のみならず、派手に信者獲得のための事業に精を出す仏教者というのは何となく好感が持てない。やはりお釈迦様以来、どうぞお弟子にしてくださいと頼みこんで、お許しを得て仏教信者になるのが本当のように思われる。そんなこんなで、救世軍のお話や讃美歌はチラと耳に入ってくることはあっても、伽藍の奥深くでどんな教えが説かれるのか、一般人にはわからない。仏教は、求める志が切実にならないとめぐり会えないものであるらしい。

私が求めて、たずねあてた仏教は道元禅師の教えであった。

私が何よりしあわせに思ったのは、この教えがたいへん静かなものであったことである。人の性格によって、にぎやかに唱えごとをする教え、清らかな讃美歌などを歌う教えにひかれる人と、婆婆でさんざんしゃべりたくないことをしゃべったりわめいたりしなければならないのだから、せめて、宗教に直面する時ぐらい黙っていたいと思う人とがあるようである。

道元禅師がお釈迦様の教えとして説いたところは坐禅を中心とする修行の道場の生活であったから、まことに静かである。二十人、三十人、五十人が一挙に集まって坐禅をしていても物音一つしない。たまに遠慮がちなせきばらいがして、おりおり眠りをさます警策《きょうさく》がパシーンと冴えた音を立てるだけである。それも一炷《ちゅう》四、五十分の間にそうそうは行なわれない。提唱の時は、お師家《しけ》さんの話をひたすら聞くだけでよい。食事の時は少し長い唱え言があるが、あとは黙々と食べればよい。修行の道場では雑談はしないのが原則だから、口をきかないでいてもつきあいが悪いとは言われない。礼拝、合掌の時と所を心得てさえいれば、多勢の人といながら個人の独立がこれほど保たれる時間というのは、他の場所には見いだされないと思う。

◇

道元禅師の教えで、もう一つ私を救ってくれたのはお袈裟の把針《はしん》であった。

道元禅師は坐禅を説かれるが、また出家と授戒と、お袈裟を大事にされる。坐禅は仏弟子としての坐禅でなければ、仏の慈悲が実現しないのである。そこで出家して比丘《びく》、比丘尼《びくに》となるのが理想であるが、優婆塞《うばそく》、優婆夷《うばい》も在家の仏弟子として、仏会《ぶつえ》の四衆の構成員である。在家の仏弟子も菩薩戒を受け、お袈裟をかけるのが大乗最極《さいごく》の秘訣である、と道元禅師は『正法眼蔵』「袈裟功徳」巻に言われる。

同じ巻で、釈迦牟尼仏が因地《いんじ》の時、宝蔵仏《ほうぞうぶつ》の前で五百の大願を立てた中で、もし袈裟に五種の聖功徳《しょうくどく》が、備わらないなら、未来世に無上菩提《むじょうぼだい》を成《じょう》じて衆生を教化《きょうけ》することはないであろうと説く「悲華経《ひけきょう》」の文言が引用される。ここにその一端を紹介すると次の通りである。

その時に大悲菩薩摩訶薩（因地の釈迦牟尼）、宝蔵仏のみ前に在って発願《ほつがん》して言《いわ》く、「世尊、我れ成仏しおわらんに、もし衆生の我が法の中に入って出家して袈裟を著する者あらん、あるいは重戒を犯し、あるいは邪見を行ない、もしくは三宝において軽毀《きょうき》して信ぜず、諸々の重罪を集めたらん比丘、比丘尼、優婆塞、優婆夷も、もし一念の中において恭敬《くぎょう》の心を生じて僧伽梨衣《そうぎゃりえ》を尊重《そんじゅう》し、恭敬の心を生じて世尊あるいは法、僧を尊重せん。世尊、かくのごとくの衆生の乃至《ないし》一人も、三乗において記莂《きべつ》を受くることを得ずして而《しか》も退転せば、則ち十方世界、無量無辺阿僧祇《あそうぎ》等の現在の諸仏を欺誑《ごおう》するとなす。必定《ひつじょう》して阿耨多羅《あのくたら》三藐三菩提《さんみゃくさんぼだい》を成ぜじ」（悲華経巻八）

つまり、釈迦牟尼仏の因地である大悲菩薩が、将来成仏した時は、そのお弟子がどんな犯《ぼん》戒《かい》、邪見の人であっても、ひとたびお袈裟を敬えば、すべての罪は消滅し、必ず未来に成仏するという保証が与えられる。もしそうでないなら、釈尊の成道は実現されないであろう、というのである。経の中の「僧伽梨衣」とは、九条以上二十五条に至る九種のお袈裟のことである。「記莂を受ける」とは、仏から未来成仏の保証を与えられることである。

かくて、今この世界に釈迦牟尼仏の成道が実現していることが、仏袈裟に不可思議の五聖功徳が備わっていることのあかしとなる。このような説き方で袈裟の功徳を確信させることは、阿弥陀如来の因地の時の十八願や四十八願を、阿弥陀仏が現に極楽浄土に成仏していることによって確信させるのと同じやり方である。西方十万億土への、阿弥陀如来への信仰を、身を覆《おお》う袈裟に置きかえているといってもよいであろう。

だから、道元禅師において「袈裟は釈迦牟尼仏の皮肉骨髄」であり、「仏身なり、仏心なり」ということになる。そして、在家も出家も身分の上下を問わず、いそぎ袈裟をかけよ、人間に生まれた慶幸これにすぎるものはないと言われる。その上、道元禅師は実際に、山城の篤信者生蓮坊の妻が真心こめて織って献上した布で自ら袈裟を縫い、平生これをかけていたということが、「法衣相伝書」という記録に残っている（一七頁参照）。

◇

仏弟子たちが用いた袈裟の作り方は各宗の律部門に詳しく伝わり、江戸時代には慈雲尊者《じうんそんじゃ》がお弟子たちに縫わせた千衣の袈裟も大阪府南河内の高貴寺をはじめ、各地に残されている。曹洞宗では故澤木興道老師、故橋本恵光老師が研究して、人々に縫わせたので縫い方を知っている人が各地にいる。

私はこのお袈裟を縫うことを覚えてから、一層仏教が身にしみてきた感じである。坐禅は参禅会とか、泊り込みの摂心に行かないと、なかなか身につかない。一般家庭の中で、自分だけ一人、静寂な時間をもつということはかなりむずかしいものである。ところがお袈裟は、何とか時間をつくり、部屋をはき清めて落ちついた気持ちになると縫えるものである。縫うとかけたいから、やりくりをつけて参禅会にも出かけてゆく。出かけられない時はまたお袈裟を縫う。

「在家に袈裟を受持するは大乗最極の秘訣」と、道元禅師が言われるところである。

私は、自分の三衣《さんね》を縫ってしまうと、同じ志の人と一緒に、お袈裟を縫いたい人がいつでも縫えるように、月一回の把針の会を始めた。自分もまた忘れないためでもある。そうすると、男の人も女の人も同じように集まってくる。時には男の人の方が人数が多かったり、上手だったりするから、全く男女の差別はないが、女の人にとって、特にお袈裟は仏教に親しむ機縁になると思う。針を持つのが好きな人、レース編の一目一目に思いをこめて編み進む習慣のある人、その一針一針を「仏身であり、仏心である」お袈裟の実現に回向するうちに、仏作仏行《ぶっさぶつぎょう》がこんな身近にあったことを知るのである。

お袈裟の中には、「糞掃衣《ふんぞうえ》」といって古い布を洗って大丈夫な所を取り、細かい布をはぎ合わせてぞうきん刺しにして作るものがある。世間の人の執着を離れている意味で最高のお袈裟とされる。和服を着る女の人はたいてい、丈をつめた袖《そで》の布、羽織の衿《えり》肩の裁《た》ち落としなど、思い出が多くて捨てられない小さい布を持っている。それらをはぎ合わせて「糞掃衣」ができる。そのころにはたいていお袈裟のとりこになって、いつのまにか仏の教えにとっぷりとつかっている。私は日本の女の方で、仏教に結縁《けちえん》を求める方に「お袈裟を縫ってみませんか」と、おすすめしたいのである。

お袈裟（絡子《らくす》）の縫い方

一、絡子

お袈裟は、インドで、お釈迦様とそのお弟子たちが召されたものです。仏教がインドから中国に伝わり、さらに日本に伝わる間に、お宗旨《しゅうし》によりさまざまな形をとったものもあります。しかし、その基本的な色、形、縫い方等は、代々の仏教者によって具体的に伝えられ、また律文《りつぶん》をはじめ中国でも日本でもお袈裟に関する書物は数多く著わされて、その標準を知ることができます。

ここでは、そのようにして伝えられた如法《にょほう》衣《え》、中でも、お袈裟を縫う方の多くが初めに取りかかる絡子の作り方を御紹介いたします。

絡子は、掛絡《から》とも言い、五条衣《ごじょうえ》を縮少し

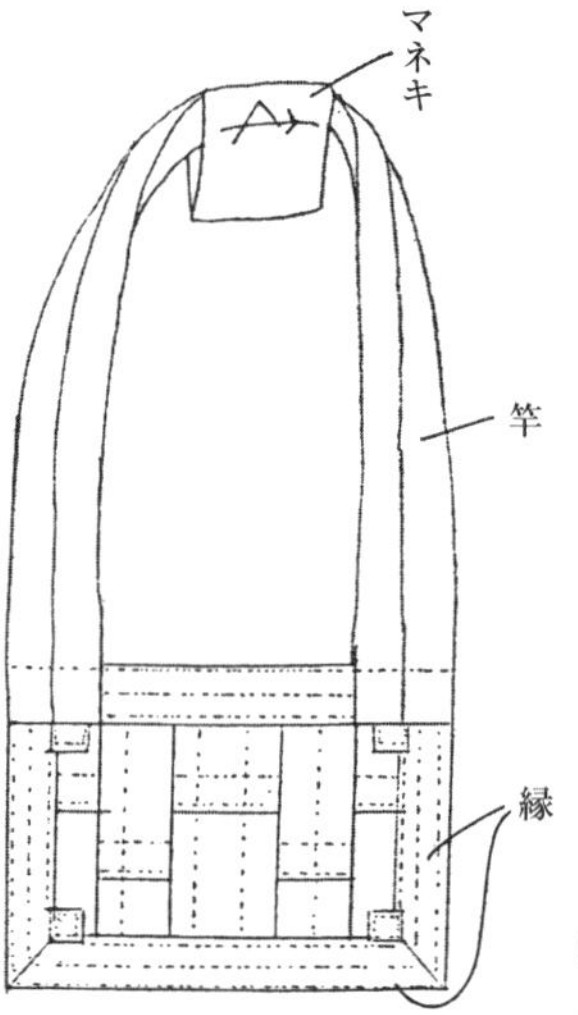

第1図

て、竿《さお》をつけて肩からかけられるようにしたものです。お袈裟は、本来、身体全体をおおうものです。しかし、仏教がインドから中国に伝わった時、すでにその地で暑さ、寒さを防ぐだけの着物を着ていましたので、その上に着る時は、お袈裟は、多少小さくても、さしつかえないようになっていました。中でも五条衣は、旅行と作務《さむ》（労働）の時に着るものなので、動作に便利なように、小さい形のものが中国で行なわれ、日本にも受けつがれました。絡はマトウ、カラムという字で、身にからめて着けるという意味です。

二、布（衣財《えざい》）と糸

お袈裟の衣財は絹、木綿《もめん》、ウール、化繊《かせん》、なんでも結構です。しかし扱いやすいという点では、木綿がよろしいでしょう。地紋のない平織を選んでください。

色は、青、黄、赤、白、黒などの原色でないもの。紫、緑のような鮮やかな中間色も避ける。こげ茶、濃い緑、濃いねずみ色、鉄色などがよろしい。

袈裟はサンスクリットで中間色、また赤褐色という意味でした。黒は雲水さんが用いるので、袈裟と直結した連想があるようですが、前にもあげたように原色ですので、できるだけ避けます。

なお以下の寸法は鯨尺を使います。鯨尺は布地を計るのに用いられてきたもので、お袈裟を作る場合も便利です。ミリメートル

第２図　裁ち方

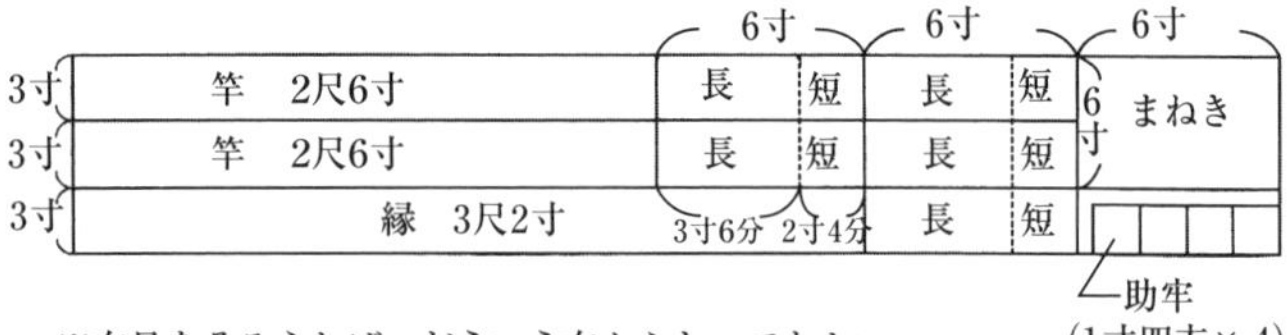

※布目をそろえれば、どういう布からとってもよい。

第３図　田相のしるしをつける

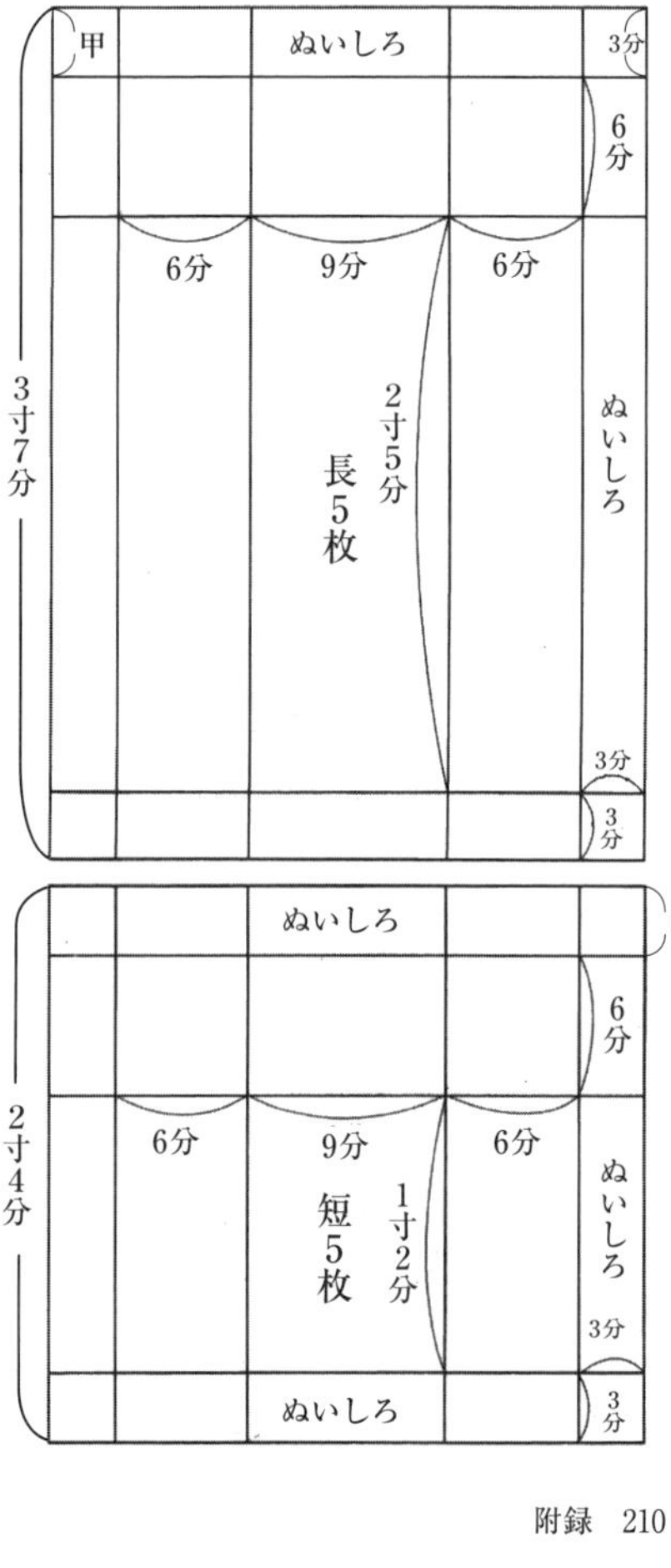

を使うと細かすぎてうまくいきません。鯨尺1尺は37・88㎝に相当します。鯨尺の物差しは今でも販売されています。

用量は、第2図を見てください。これで9寸巾、4尺4寸あれば足ります。しかし、それぞれの布は布目さえ合っていれば取っ

第４図　絡子の出来上がり寸法

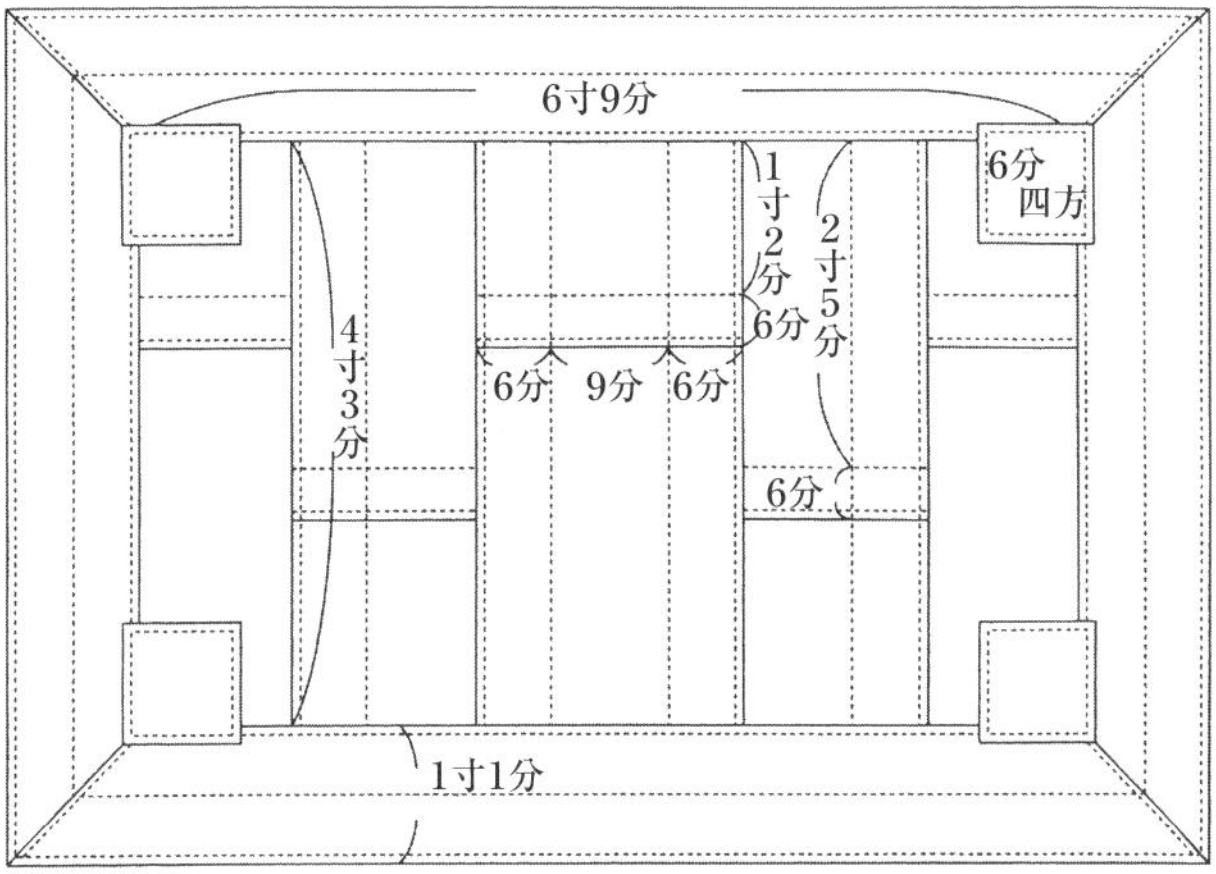

てもよいので、この形の布である必要はありません。新品である必要もありません。むしろ古い布の方がお袈裟の本義に合っています。ただし、きれいに洗ってから用いてください。

糸は、工業用の三十番の絹糸が理想的ですが、これは小売店にはありません。糸の問屋さんがあれば売っています。なければ普通の絹糸か、少しぜいたくですが絽《ろ》ざし用の糸もよろしい。

色は衣財と同系色の少しうすいものか、ねずみ色の、少し明るいもの。言うまでもなく、黒や白や原色は使いません。

三、裁《た》ち方

第2図を見て、布目をそろえて裁ってく

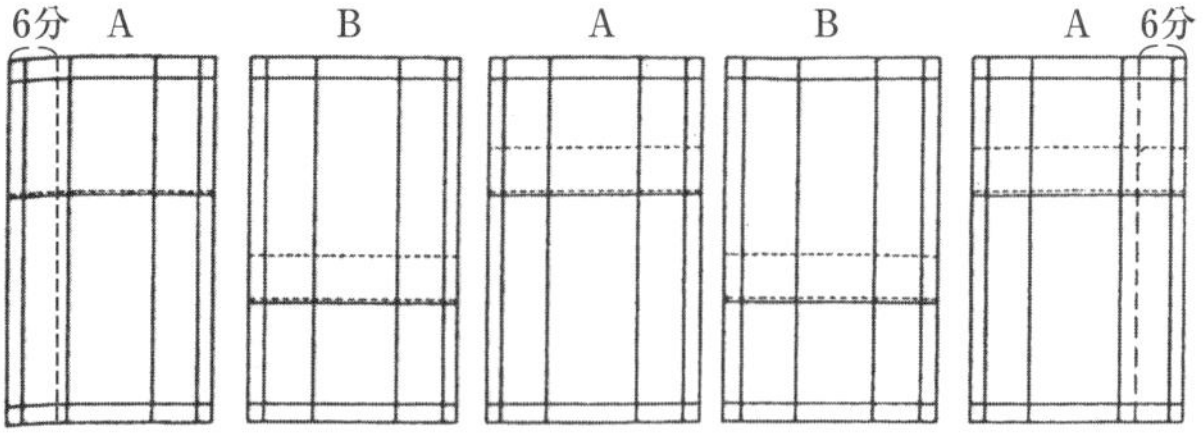

第5図

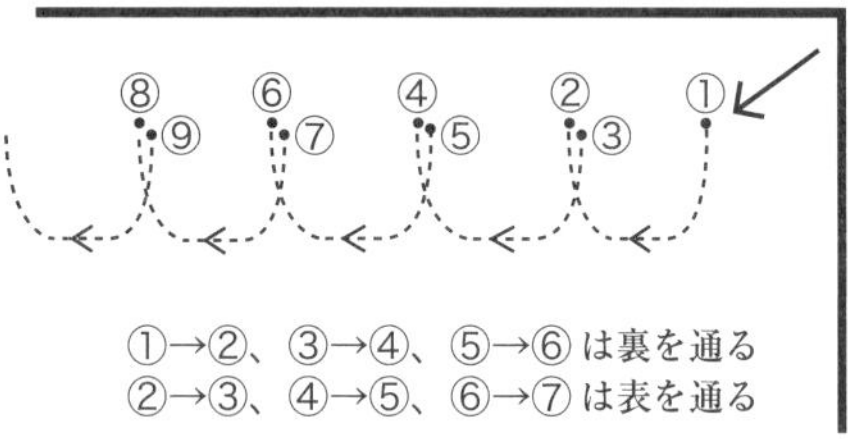

第6図　却刺の針の運び方

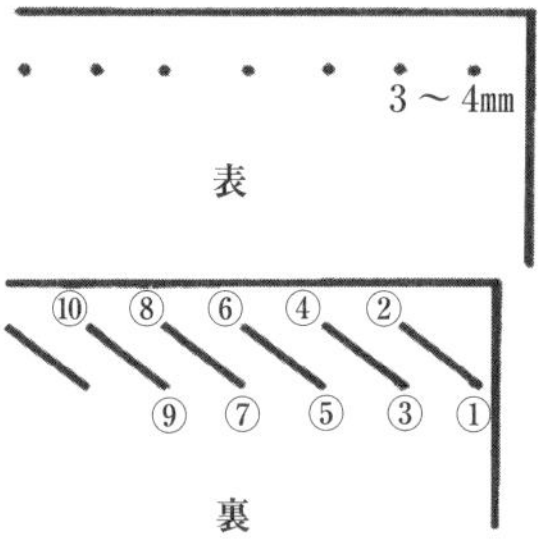

糸を引いてできた針目

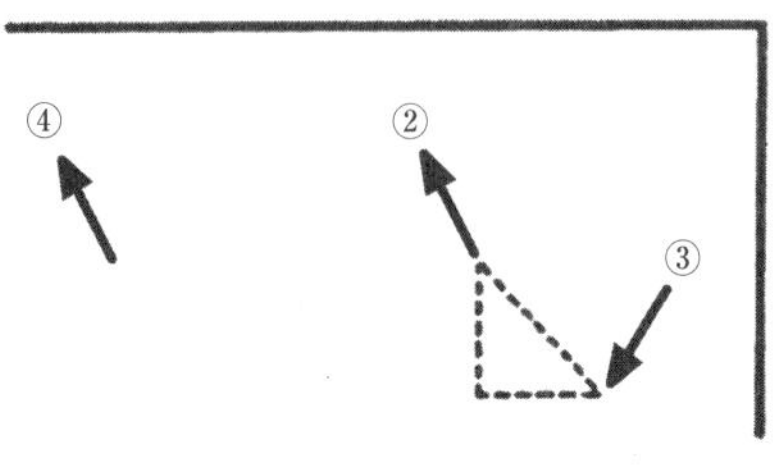

第7図

ださい。長《ちょう》、短《たん》各五枚は、第3図のような型紙を実物大に作って裁つとよいでしょう。しるしも型紙の通りつけてください。この型紙は、今後、絡子を縫う時、何回でも役に立ちます。（第2図による裁断では、裁断の都合で3図の甲は2分となります）

【注意】

「袈裟はこれ諸仏の供養帰依しましますところなり。仏身なり、仏心なり」と道元禅師は『正法眼蔵』「袈裟功徳」巻で言われます。お袈裟は、衣財のうちから仏さまです。お袈裟の布は、必ず台の上に置いて、畳など、足の踏む所にじかに置かないでください。

四、縫い方

第1図、絡子の図を見てください。縁《えん》（周囲の布）の中に五条の布が縫い合わされている所を田相《でんそう》と言います。

五条衣の田相は、長い布（長《ちょう》）と短い布（短《たん》）を一枚ずつはぎ合わせたものを五筋作り、さらにそれぞれを横にはぎ合わせて作ります。このように、わざわざ布を小さく裁《た》ってはぎ合わせたお袈裟を割截《かっせつ》衣と言います。

どんな立派な布でも、このように小さく截《き》ってしまえば、布地としての値打ちがなくなるので、人の欲望の対象にはなりません。人の欲望を離れたものを、仏道では清浄《しょうじょう》とします。

第5図を見てください。

短《たん》が上、長《ちょう》が下という組み合わせのものをAとします。Aを三条作ります。

長が上、短が下という組み合わせのものをBとします。Bを二条作ります。（両わきのAは、布の都合では、破線の幅まで〈2寸1分〉あれば間に合います）。

1　縫い方は却刺《きゃくし》（かえし針）

却刺の針の運び方は第6図を見てください。

表を見て縫います。

糸をつけた針を①から入れて、裏を通って②の位置から表に出し、糸の長さいっぱいに引き抜きます。

③から針を入れて、裏を通って④の位置から表に出し糸の長さいっぱいに引き抜きます。

②と③の位置の関係は第7図のように、②の真下から45度うしろへ引いた所です。図は拡大して書きましたが、②と③の距離は5厘（2㎜）ほどです。

③から④へ針を出して引き抜いた時、5厘弱の針目が、芥子《けし》粒くらいの点になるよう、糸をキュッと引いてください。

③と④の間は1分（3㎜～4㎜）程度です。

それ以上細かくするのはかまいませんが、それ以上大きくならないようにしてください。

これをくり返すと、表には芥子粒の連続が並び、裏は第6図の最下図ように斜めの糸が平行して並びます。

この縫い方は、まっすぐうしろへ返す普通のかえし針と違って、前に縫った糸を針で割ることがなく、それだけ丈夫に仕上ります。

少し手もとの布で練習して、針目がそろうようになったら、本番にかかりましょう。

2　縦条の長、短の組み合わせ方と縫い方

Ⅰ　A条の作り方

まず短と長を第8図のように並べ、次に短

《A条の作り方》

第8図

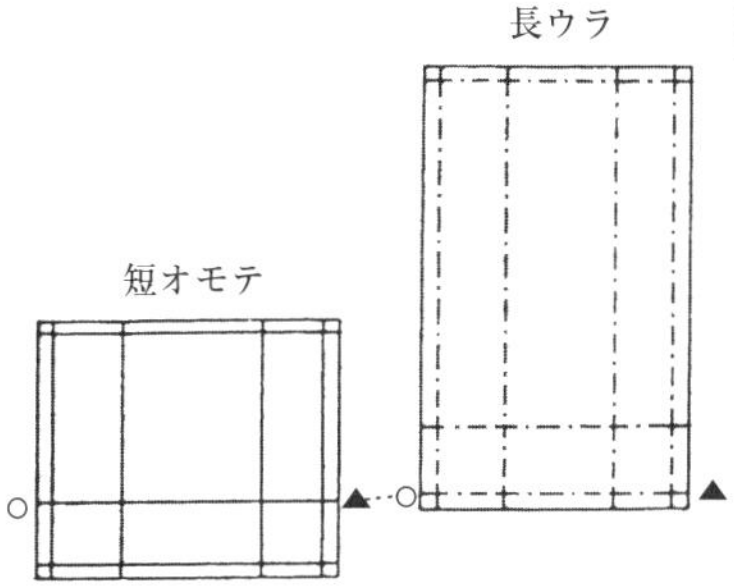

第9図

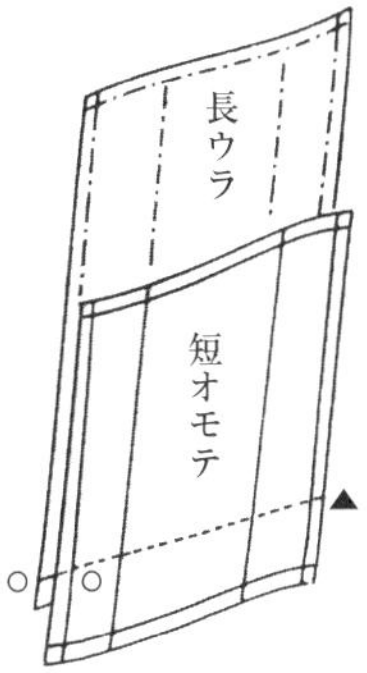

第10図

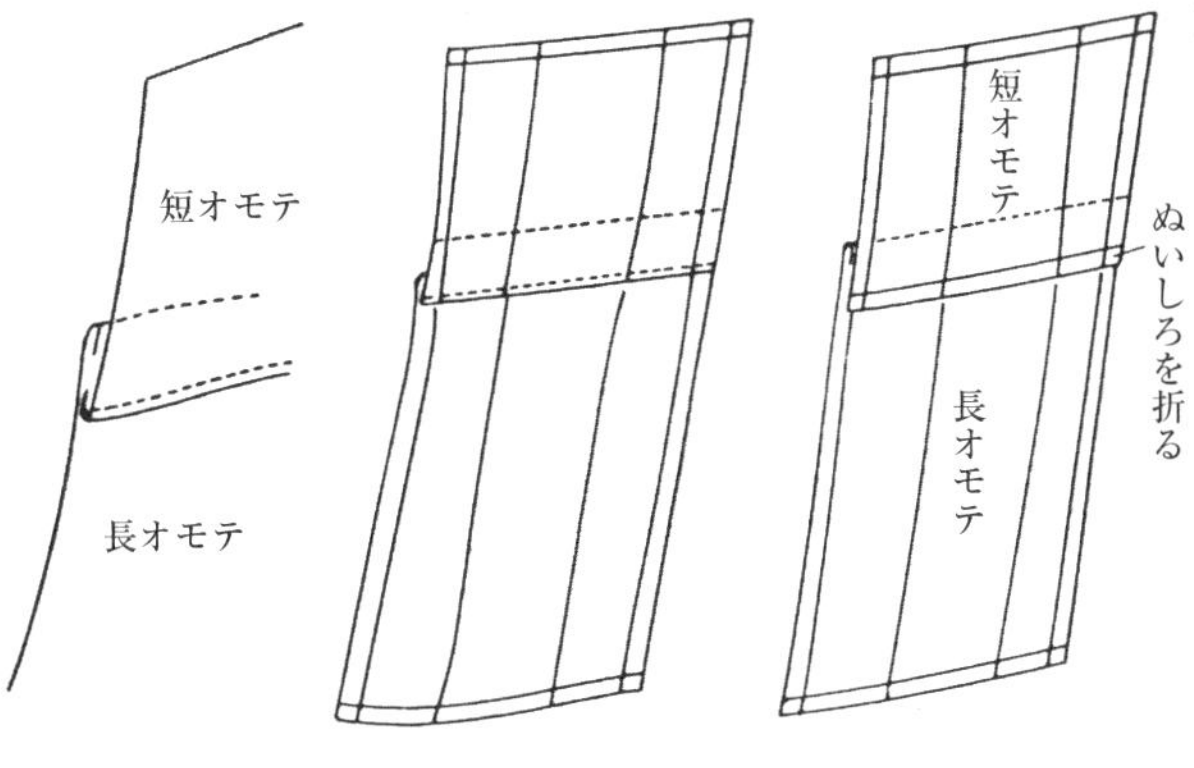

を長の上にのせ▲と▲、○と○と合わせ（第9図）針を打って縫う。

縫えたら長を下に折る（第10図）。

この時、きせをかけずに縫い目いっぱいに折る。

短のぬいしろを折り、折り山の1㎜内を却刺で縫いおさえる。

Ⅱ　B条の作り方

第11～13図を見てください。

長と短を図のように置き、長を短の上にのせ、○と○、

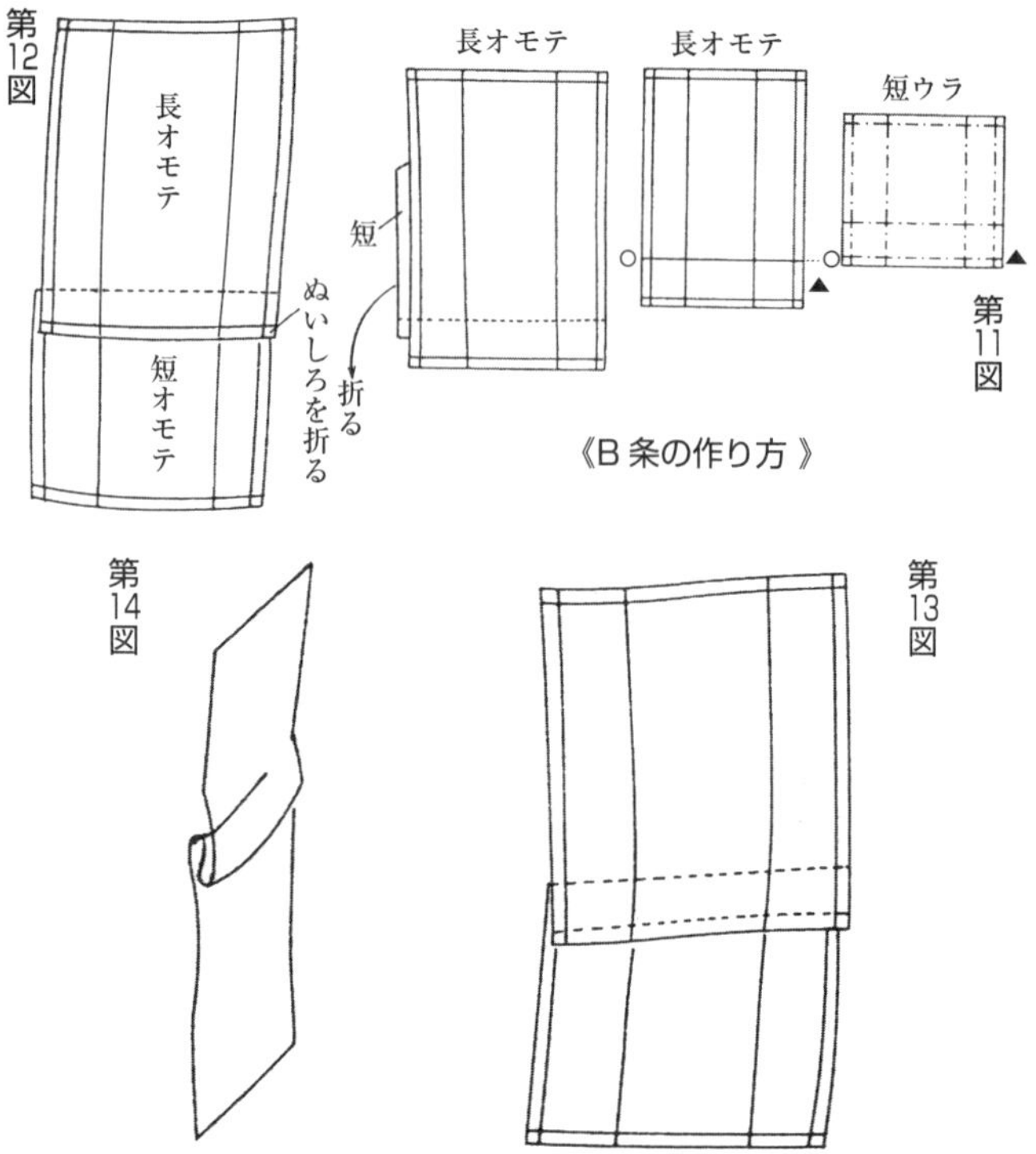

《B条の作り方》

▲と▲を合わせて針を打ち、却刺で縫う。縫えたら、ぬいしろいっぱいに短を下に折る。

3　横条のつなぎ方

縦条のつなぎ方と同じことを、横の関係で行ないます。縦条の時は全部上の布が上に、下の布が下に、第14図のようになっていました。

横のつなぎは、第15図のように、中央のA条が一番高く、左右の二条は順次下になるように組み合わせます。縫い方は縦の時と全く同じです。こ

第15図

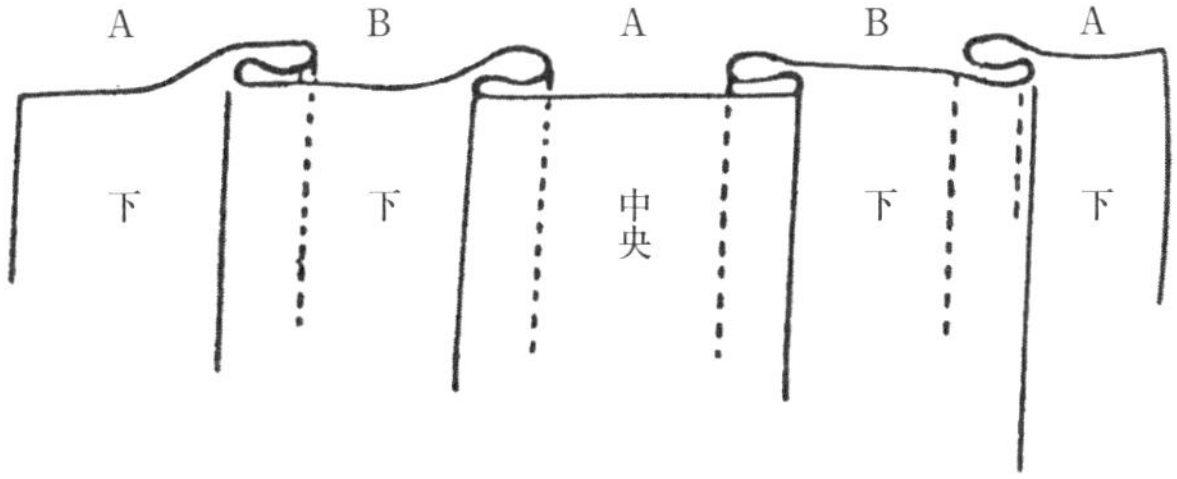

第16図

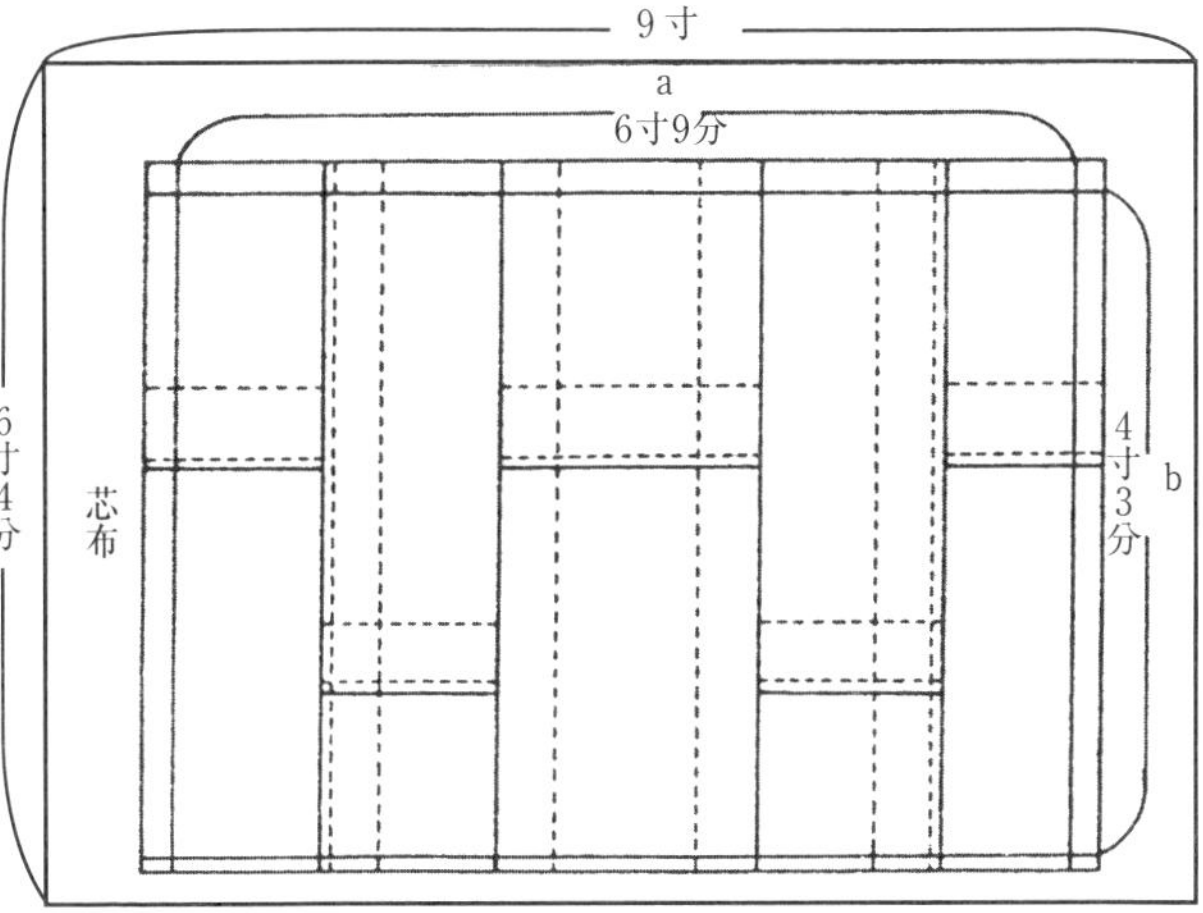

れで田相ができあがります。

4　田相を芯にとじつける

芯の寸法

木綿の芯地は、9寸×6寸4分。

白絹（羽二重《はぶたえ》など）は、木綿と同量または8寸×5寸5分。

木綿の芯は、さらしまたは洋裁用の芯地、不織布など。

白絹はあとでお師家《しけ》様に字を書いていただくのでなるべく平織。化繊は墨がにじむので、絹地がなければ綿ポプリンのほうがいい。

第17図　縁を作る　　《へらのつけ方》

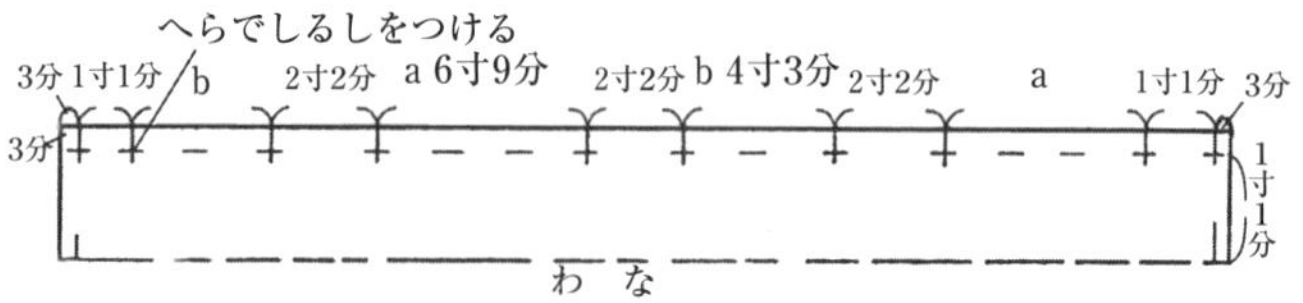

※２図の裁断では、ぬいしろが余ります。

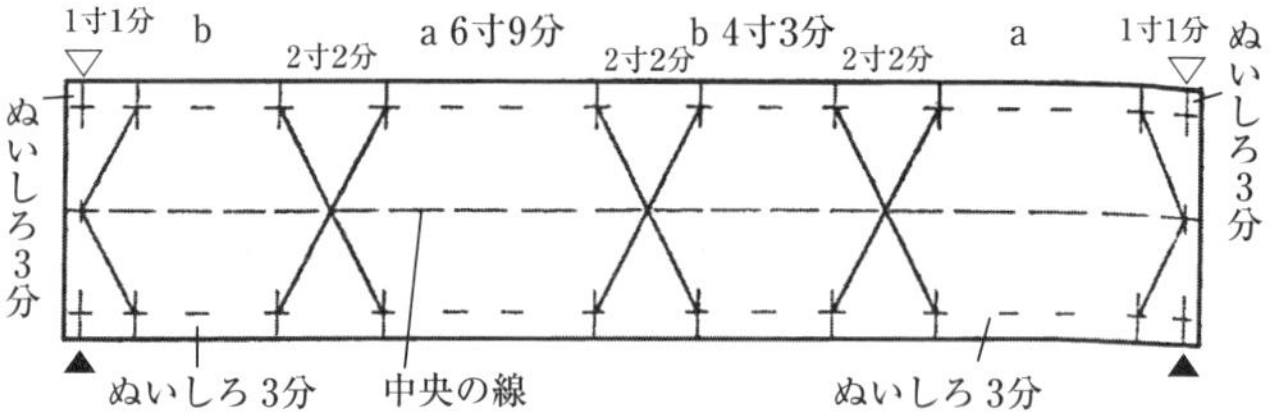

両端のぬいしろ（合じるし△と△、▲と▲）を中表に
合わせて縫い、ぬいしろは割る。これで布は輪になる。　第18図

二枚の芯はアイロンをかけてよくのばし、第16図のように、木綿の芯の上に田相を置き、しつけで止める。

この時、a、bの寸法を測っておく。寸法通りならaは6寸9分、bは4寸3分である。しかし、布の厚さにより、多少縫い縮みがあるので正確に測り直す。

5　縁《えん》のしるしつけとたたみ方、縫い方

Ⅰ　縁の布（3寸幅、3尺2寸）の巾を二つに折り、第17図のようにしるしをつける。へらを用いて二枚の布に一度にしるしがつくようにするとよい。

Ⅱ　次に第18図のように開いてチャコペンで対角線を結ぶしるしをつける。

第19図

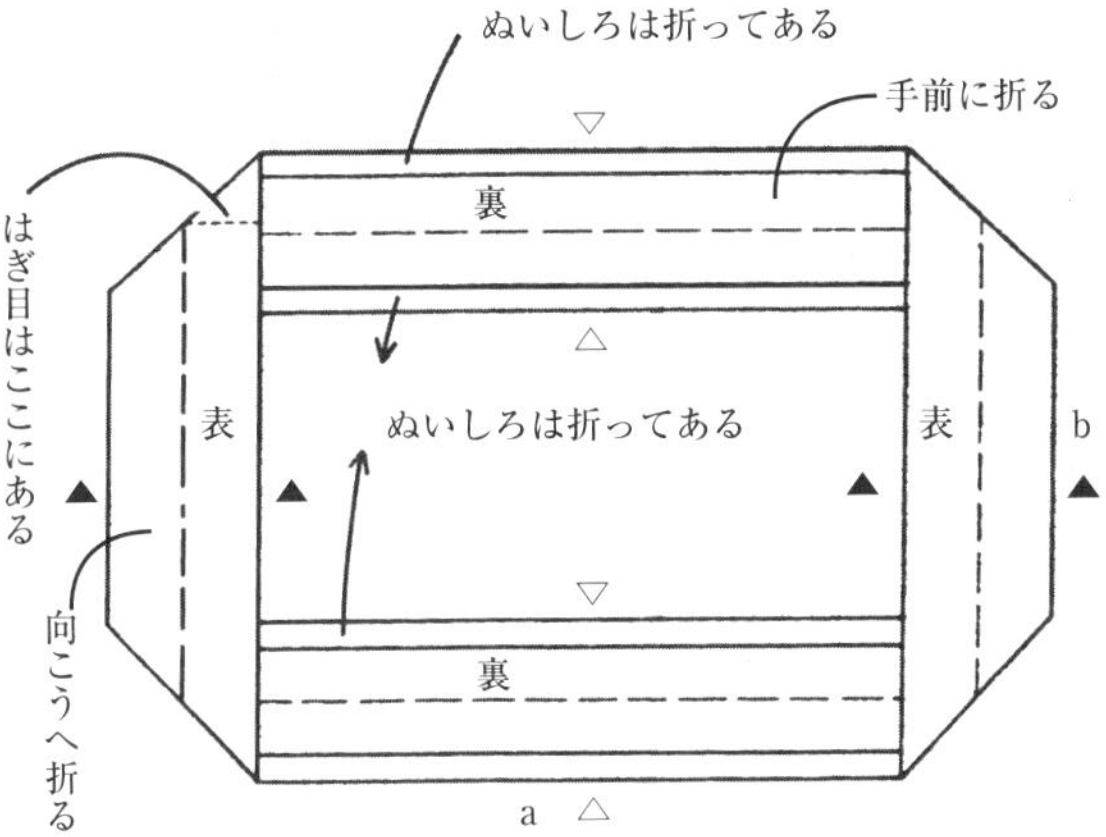

第20図

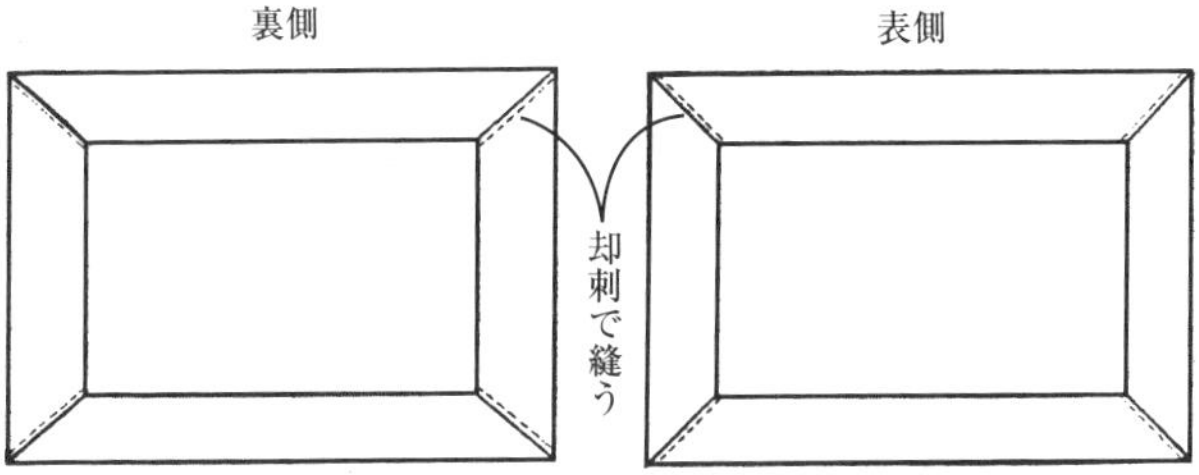

Ⅲ　輪になった布を第19図のようにたたみ、さらに上下は中央の折り目を生かして△と△が合うように手前に折り、左右は▲と▲が合うように中央の線から向こう側に折る。

角の重なりを表・裏それぞれに却刺で縫う（第20図）。

6　田相《でんそう》と縁《えん》を縫い合わせる

芯地にとじつけておいた田相を表縁と裏縁の間に入れる（芯地が大きくて縁に入らない時は、芯地を少し裁って下さい）。

位置をととのえて待ち針を打ち、

第21図　田相と縁をとじつける

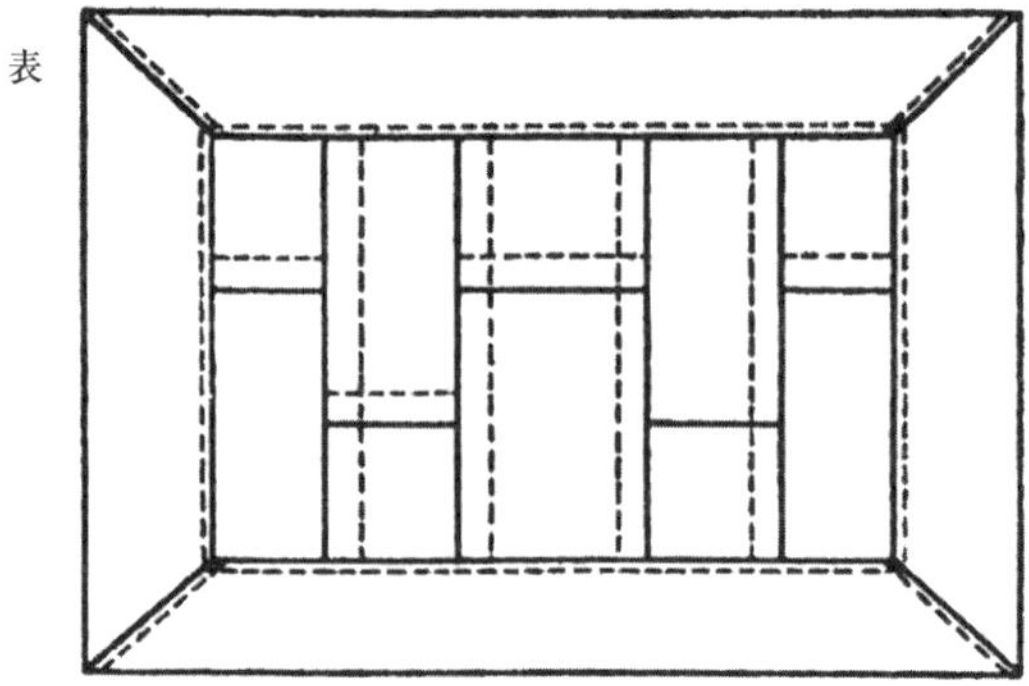

第22図

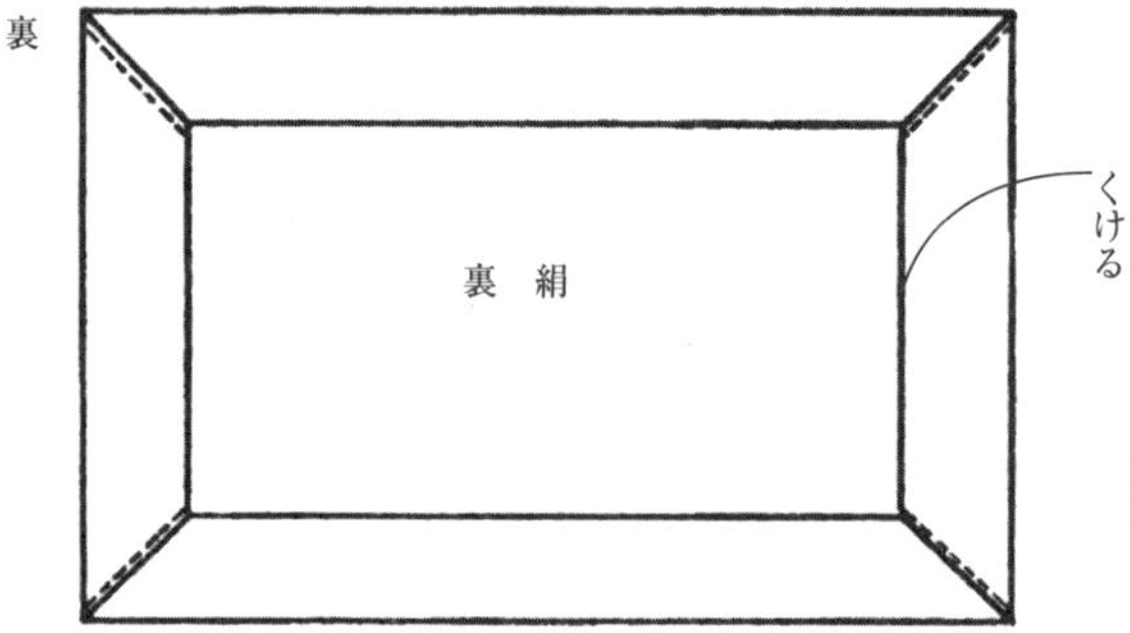

表縁と田相（田相、芯）とを却刺で縫いつける（裏縁は縫わない）（第21図）。

裏側に裏絹を入れ、芯地と一緒に裏縁にくける（第22図）。裏に針目が出ないように注意する。くける時の糸は、衣財と同じ色の縫い糸で縫う。

7　三道を縫う

表を見て、縁のごく端と、中央を却刺で縫う（第23図）。

【注意】糸のつぎ方（第24図）

途中で糸が足りなくなった時は、玉どめはしないで重ねつぎ

第23図　三道を縫う

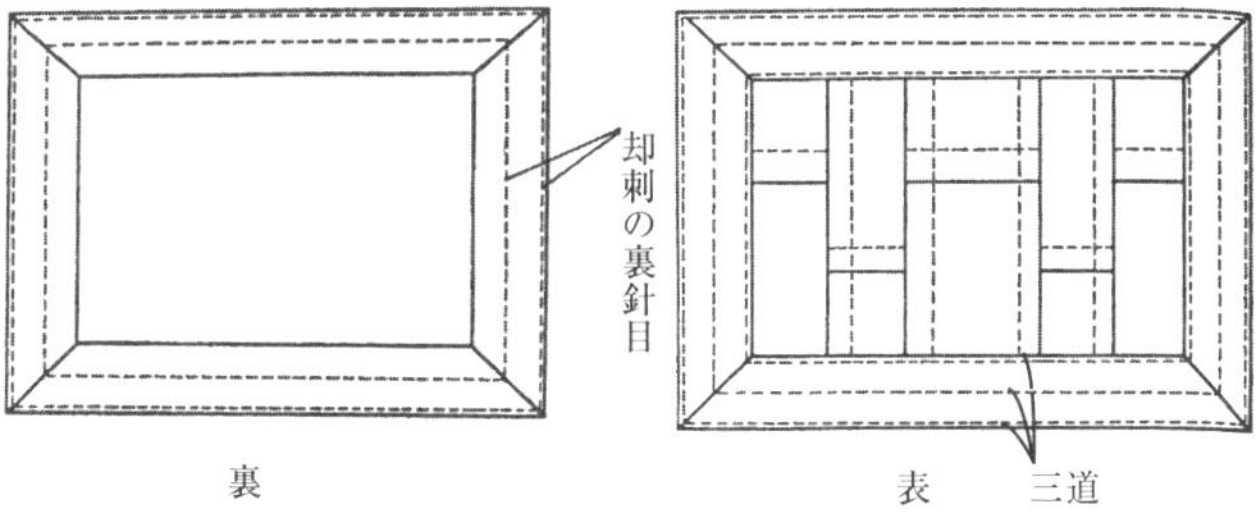

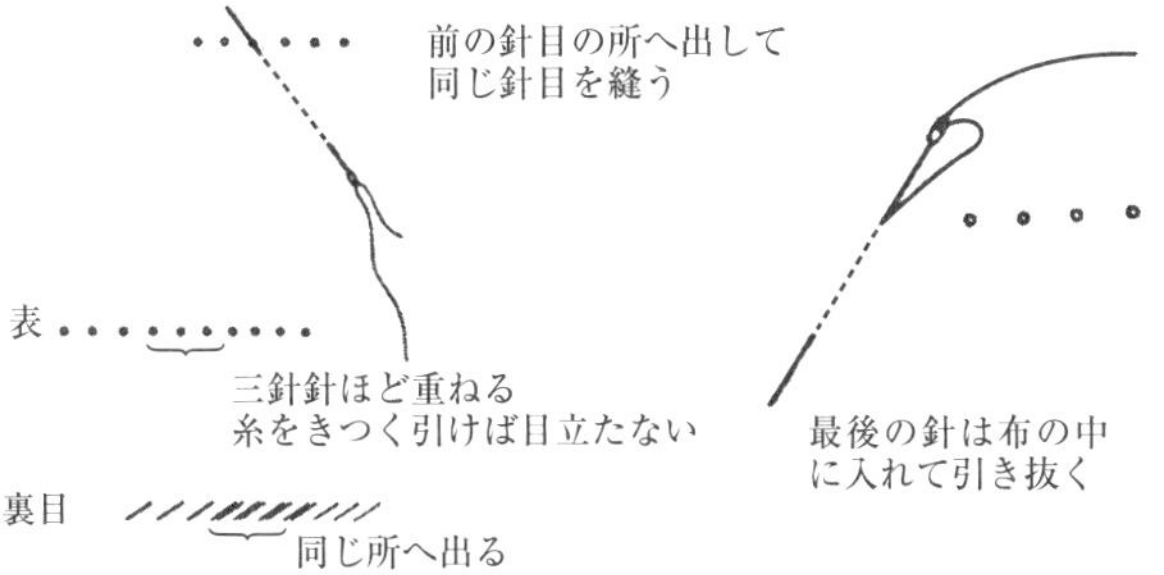

第24図　糸のつぎ方

をする。

①糸が短くなったら、最後の針は布の中に入れ引き抜くようにする。

②針に新しい糸を通し、布の間から針を入れ、前の針目の三つほど前の同じ所へ出し、前の針目に重ねて縫う。

8　助牢《じょろう》を縫いつける

Ⅰ　助牢の布を6分四方に正しく折る（第25図）。

Ⅱ　縁に1分ほどかけて四すみに縫いつける（第26図）。

《助牢を縫いつける》　第25図

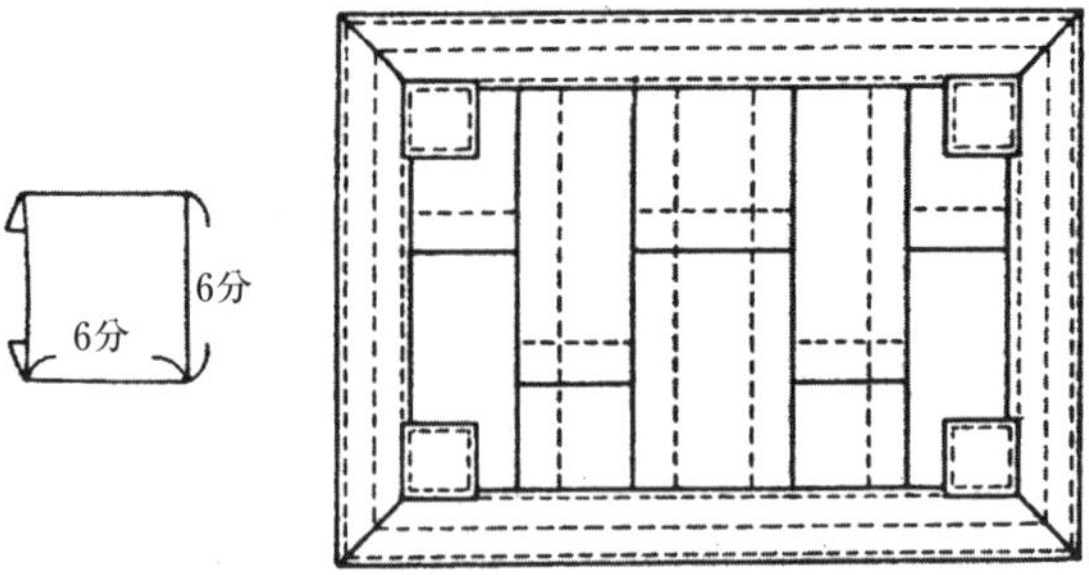

第26図

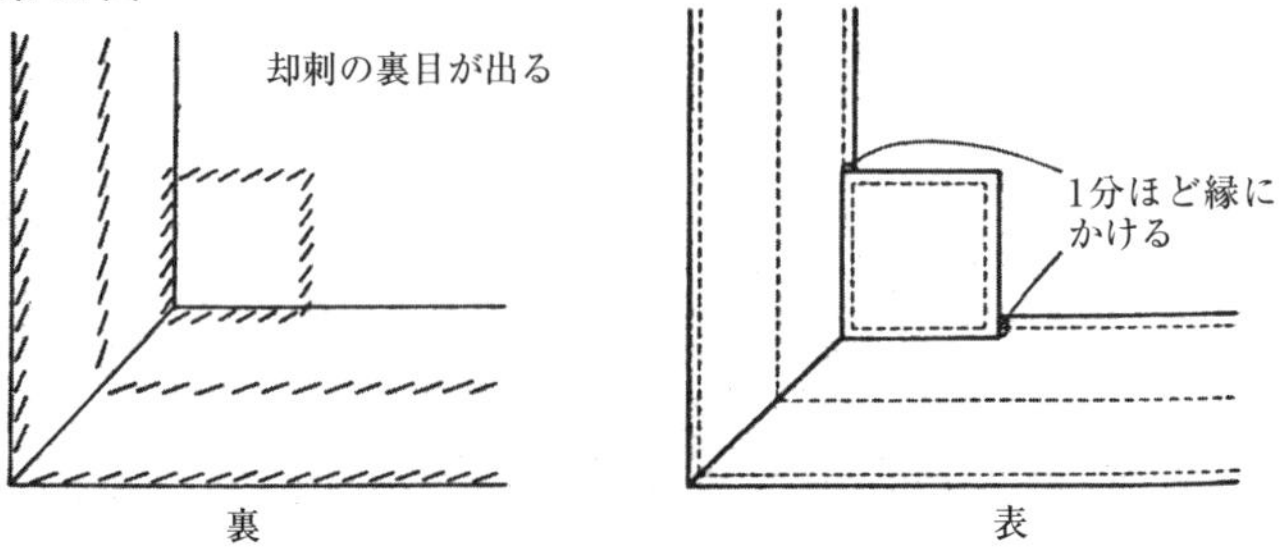

【注意】

裏まで針を通して、しっかり縫いつける。布が重なって厚い所は一針抜きで針を直角に入れるようにする。

9　竿《さお》を縫う

竿の長さは2尺5寸~2尺6寸の間で、その人のかけ具合に合わせます。ちょうどよい長さとは、揖手《いっしゅ》（経行《きんひん》をする時、胸の前で組み合わせる手の形）をした時、右の手の甲の高さの所に、田相の上縁がくるぐらいがよろしい（第28図）。普通の身長の人なら、2尺5寸裁ち切りで間に合います。

第27図　竿を縫う

※2図の裁断では、ぬいしろは余ります。

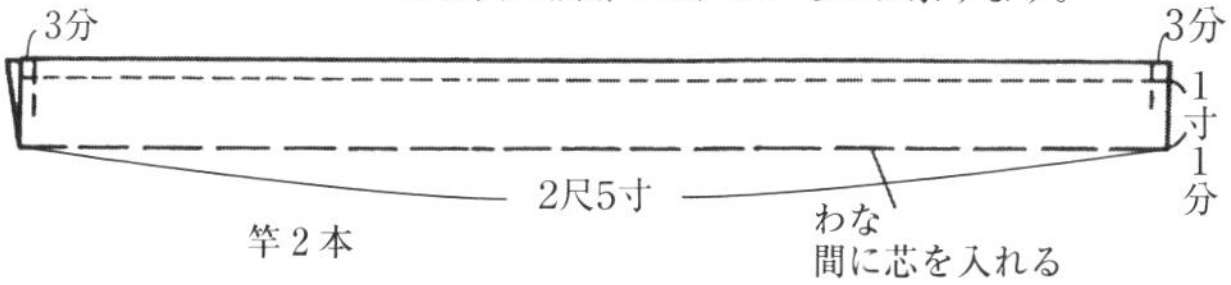

第28図　揖　手

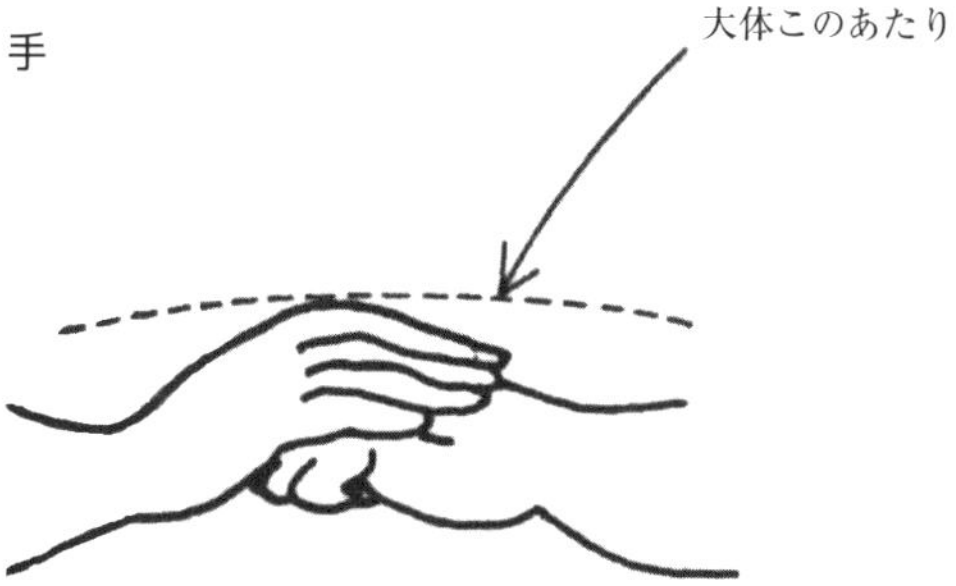

Ⅰ　幅二つ折りにして、1寸1分（縁の幅と同寸）の幅に、しるしをつける。この時、幅約1寸の芯を入れる。芯はさらし木綿でも、衣財の残りでも、表地が透《す》けないものなら手ぬぐい地を利用してもよい（第27図）。

Ⅱ　ぬいしろをしるしどおりに折ってくける（裏側から縫ってもよい）。

Ⅲ　丈を決めるには、二本の竿を合わせて、いっしょにしるしをつけると、あとで狂いがない。

10　「まねき」を作る

Ⅰ　6寸四方の布を二つに折り、第29図のようにしるしをつける。

Ⅱ　幅2寸4分、丈6寸の芯を入れて縫う

第29図「まねき」を作る

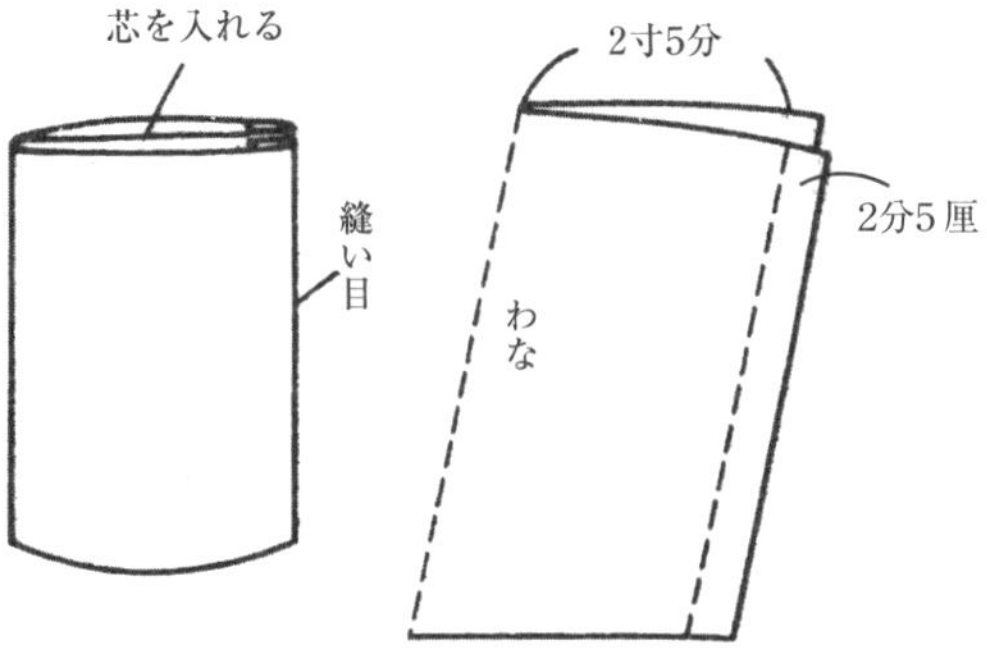

第30図「まねき」のいろいろ

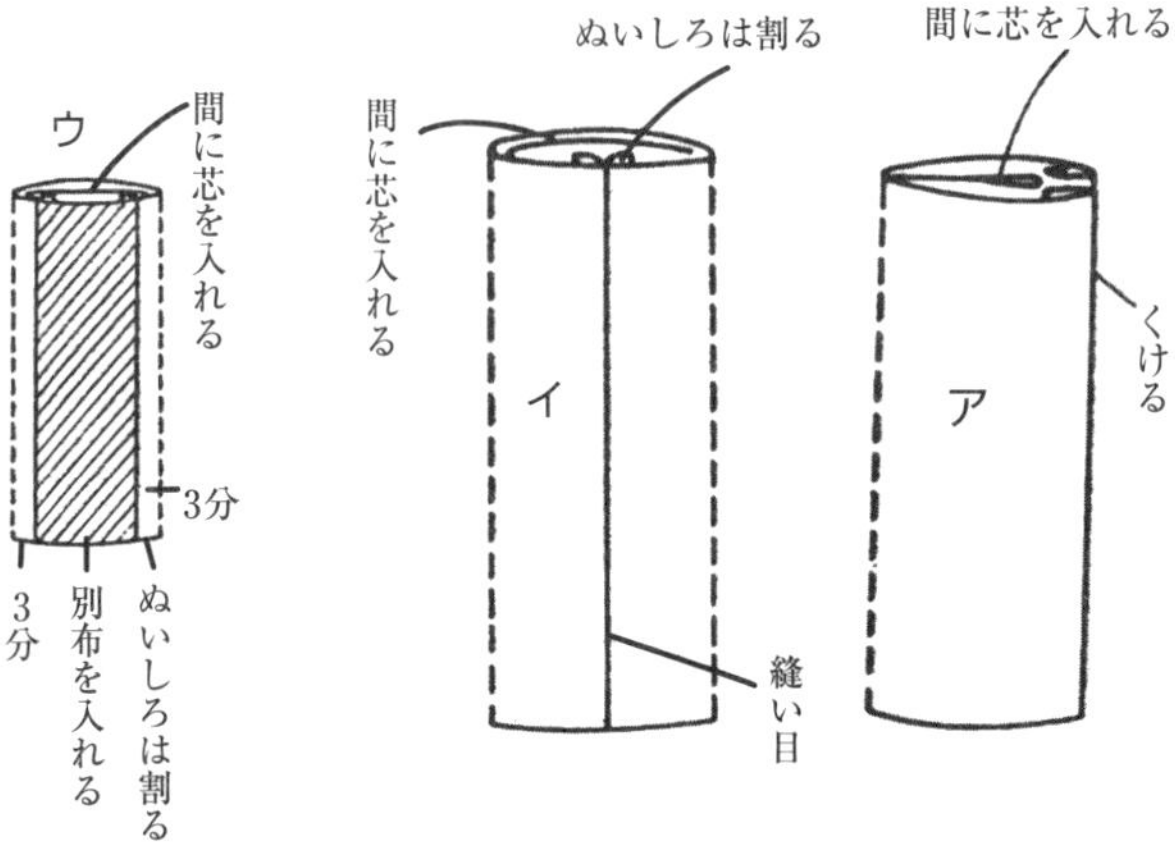

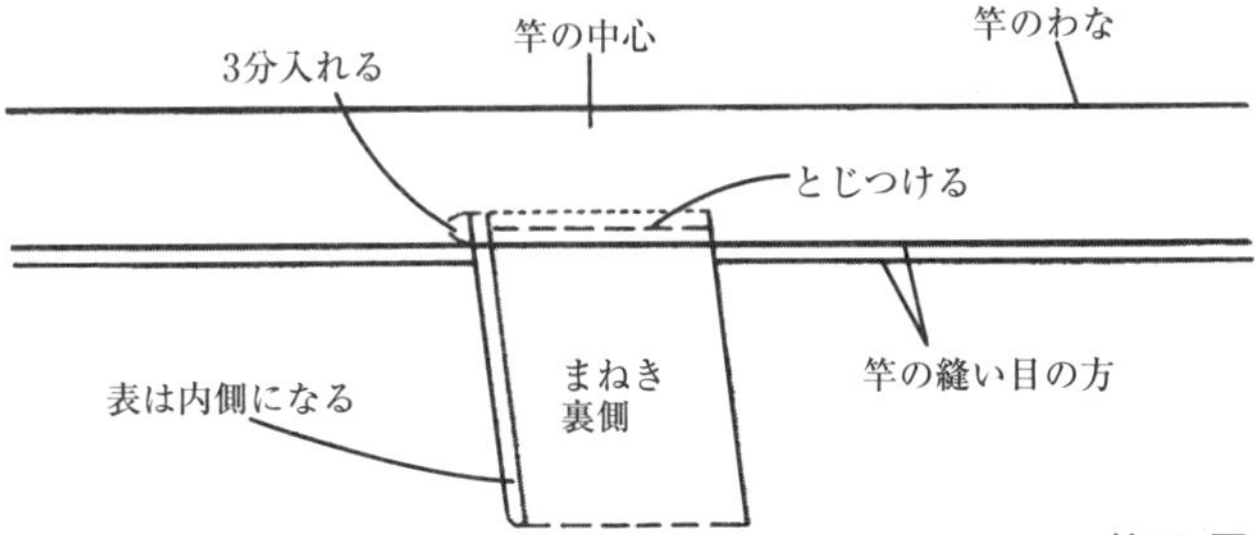

第31図

第32図

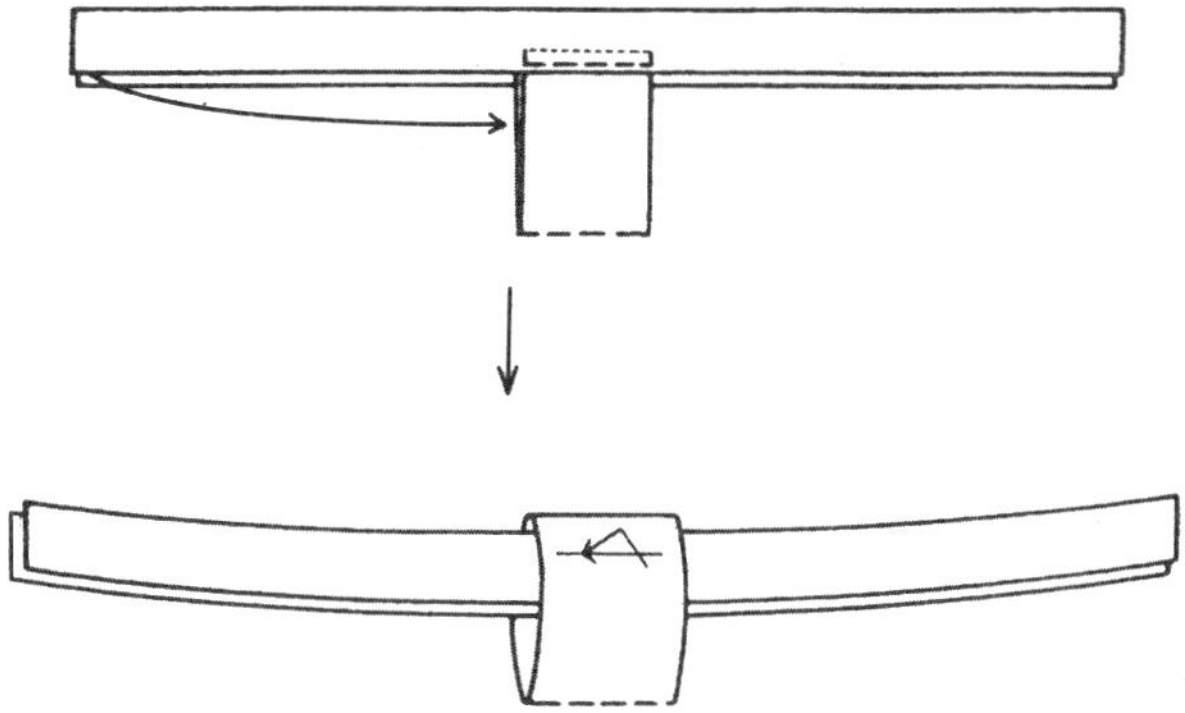

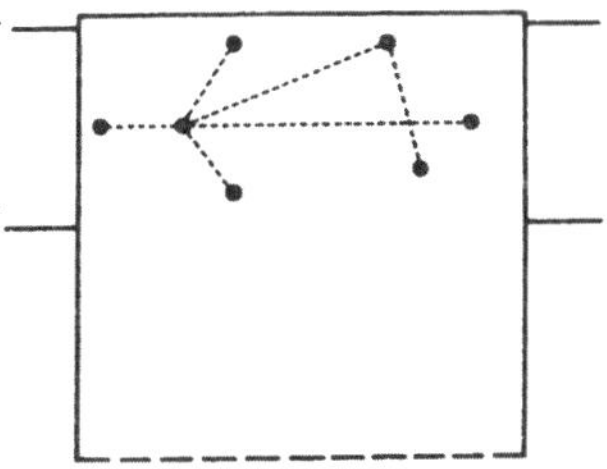

第33図　松葉の縫い方

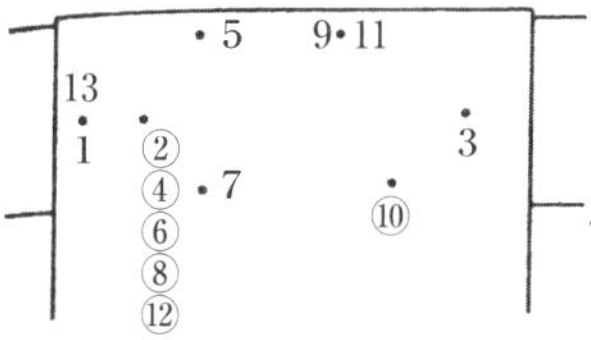

第34図

（しるしどおり折って、くけてもよい）。縫い目は真中で割る（片寄せてもよい）。また、布が足りない時は裏側に3分ずつ控えて別の布をつけてもよい（ウ）。

Ⅲ　できあがった「まねき」を二つに折り（この時、イ・ウの形のまねきは表を内側にする）、二本の竿の縫い目の側の間へ入れる。竿の長さの中心とまねきの幅の中心があうようにする。位置が決まったら、絹糸二本どりで、しっかりとじつける。竿、まねき、まねき、竿と、四つを一度にとじるので一針ぬきがよい。

Ⅳ　竿の一方の端をまねきの間に入れて引き出すと第32図の下図ようになるので松葉どめをする。

11　松葉の縫い方

Ⅰ　チャコペンの先で第33図のように七つの点をつける（点線は糸の渡る所）。

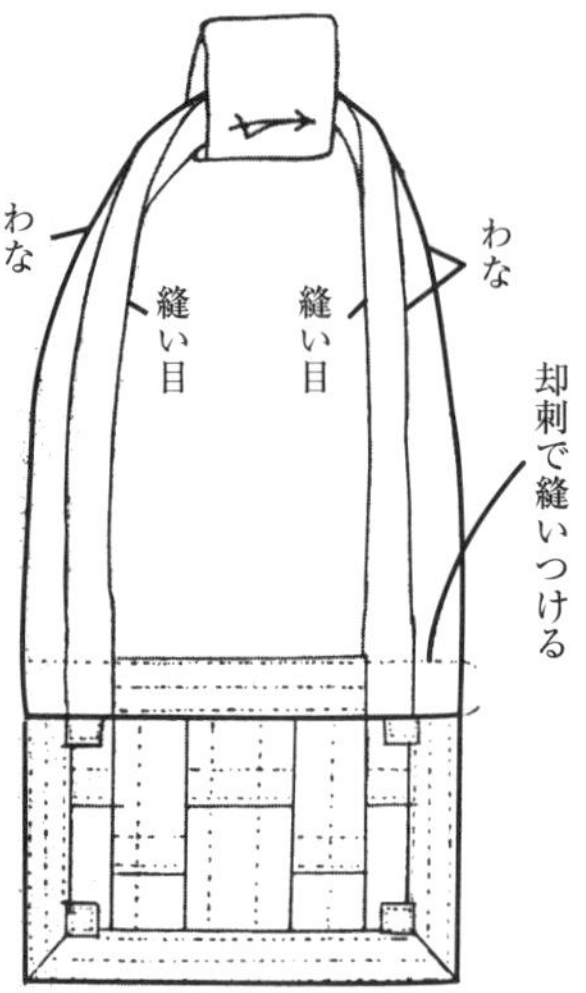

第35図

Ⅱ　田相を縫ったものと同じ糸を二本どりにして第34図の順序でさす。

1は竿の間から針を出す所。②④⑥⑧⑩⑫は上から下へ針を入れる所。3、5、7、9、11は下から上へ針を出す所。13は最後に針を入れて、竿の間へぬいて止める所。

布が厚いから針は一針ずつ直角に入れ、二本の糸は常に平らに並ぶよう注意する。

12　竿を却刺で縫いつける

二本の竿の関係、縫い目とわなの位置に注意。1寸1分は縁の幅と同じ（第35図）。

五、絡子のたたみ方・袋

Ⅰ　田相を内側にして半分に折って右の端

に重ねる。

Ⅱ　竿を手前に折る。

Ⅲ「まねき」を引き上げて半分より上におさまるようにする。

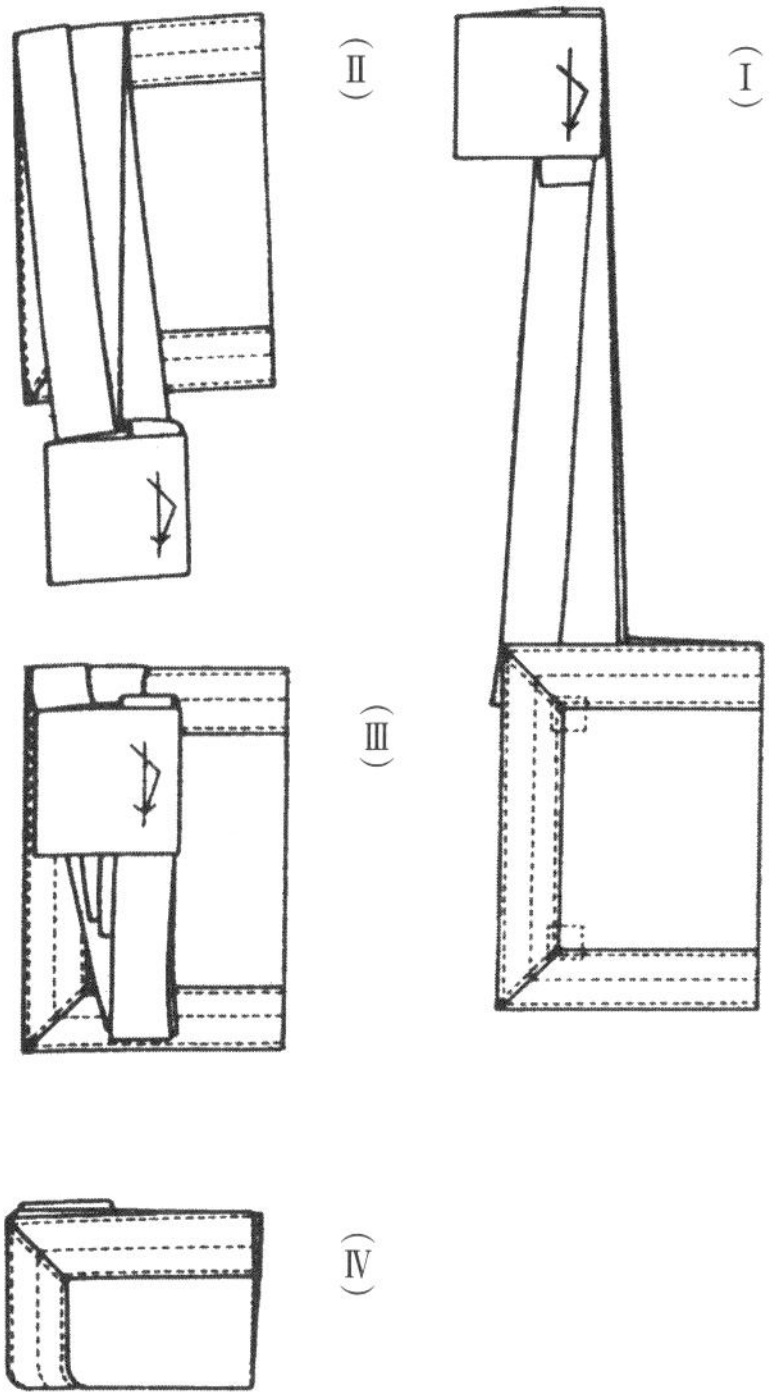

第36図　絡子のたたみ方

Ⅳ　さらに半分に折って下の端に重ねる。（第36図）

Ⅴ　袋に入れて護持する。袋の布は表、裏とも8寸裁切り四方。表はお袈裟を護持するにふさわしく、なるべくお袈裟の衣財に準じて選ぶ。裏は白絹が望ましい。（第37図）

六、絡子の受持《じゅじ》

以上で絡子ができあがりますが、もともと、お袈裟は「仏弟子の標幟《ひょうし》（しるしばた、めじるし）」と言われて、仏弟子であることと、お袈裟とは切り離して考えることができません。在家の参

第37図　袋に入れて護持

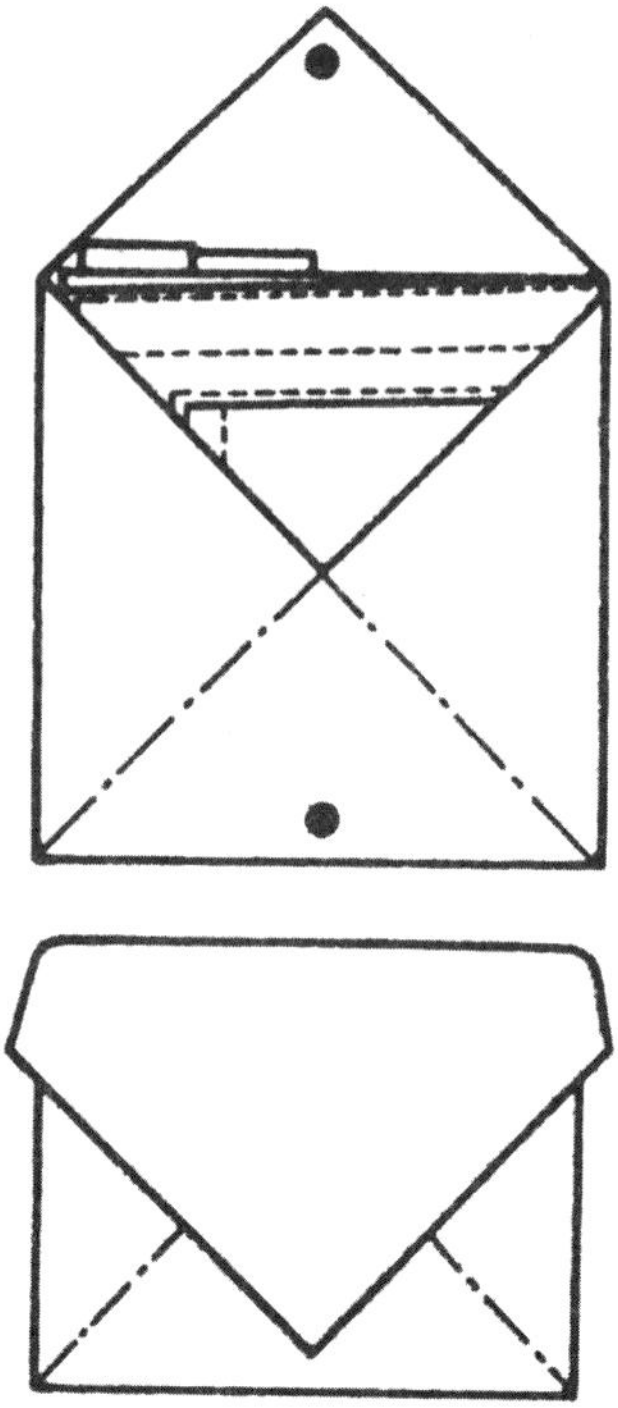

禅者などで、お袈裟をかけたいと思われる方は、お師家《しけ》さまにお願いして、受戒《じゅかい》作法をしていただくと、同時に受衣《じゅえ》作法が行なわれて、お袈裟が身につきます。

特に、在家の受戒には五条衣である絡子が授けられます。この時、戒名（生きているうちにいただくのが本物です）もいただきます。お師家さまは、絡子の裏の白絹に、因縁のある文字を書いて、○○居士、あるいは○○大姉受持（自分で縫った場合には把針受持など）と書いてくださいます。

袋の裏に白絹をつけるのも、ここにも何か書いていただけるからです。もし、白絹のない場合は、化織は墨が散りますから、むしろ木綿（ブロードやローンなど）のほうがよいわけです。

あとがき

本書は一九八七年十二月、柏樹社より刊行した『道元禅師のお袈裟――正法眼蔵　袈裟功徳を読み解く』を、『正法眼蔵　袈裟功徳を読む』と改題して復刊するものである。なお、次の二編を付録として、新たに加えた。

一、お袈裟を縫うことから（『女性仏教』一九七四年一月号）

一、お袈裟の縫い方（『女性仏教』一九七六年一月号～五月号）

「お袈裟の縫い方」は絡子の部分のみであるが、本書を読まれて、自分で縫ったお袈裟をかけて坐禅をしたいと思われる方の参考になればと思い、掲載した。各地にあるお袈裟を縫う会に参加して、皆さんと一緒に縫われることをお勧めしたい。

今回の復刊に当たって、『正法眼蔵』「袈裟功徳」巻の原文は、岩波文庫本を底本に改めた。ただ、本文中で「お袈裟の会」のその後のこと、日本の現状のことなど、書き改めたい箇所もあったが、そのままにしたことは、お許しいただきたい。

なお、今回も東京・観音院住職来馬正行師には、袈裟着用と応量器等の写真について、特別のお力添えを賜わった。また附録の「お袈裟の縫い方」については、現在、東京・青松寺での「お袈裟把針の会」で、実際の縫い方の指導に当たっておられる群馬県・應永寺住職古川治道師に見直していただいた。お二人に、あつく御礼申し上げる。

また道元禅師の「法衣相伝書」の写真掲載を快諾していただいた熊本県の広福寺様にもあつく御礼申し上げる。

道元禅師の『正法眼蔵』は、難解をもって知られる。しかし、この「袈裟功徳」巻のように、道元禅師のお袈裟への信仰があふれて、身近にその入り口が示される巻もある。仏祖方が伝えてこられたお袈裟を身につけ、坐禅をすることのなかに実現するものを、この巻で感じ取っていただきたいと思う。

二〇〇七年八月

水野弥穂子　記

水野　弥穂子（みずの・やおこ）

1921年　東京に生まれる。東北大学法文学部卒業、国語学専攻。
国立国語研究所研究員、駒澤大学教授、東京女子大学教授を経て、
1987年3月、退任。

著　書　『正法眼蔵随聞記』（筑摩書房　1963年）、『正法眼蔵　正法眼蔵随聞記』（岩波・日本古典文学大系　1965年）、『道元』全2巻（岩波・日本古典思想体系　1970年）、『大智』（講談社・日本の禅語録　1978年）、『正法眼蔵』全4巻（岩波文庫　1990年）、『正法眼蔵随聞記の世界』（大蔵出版　1992年）、『十二巻正法眼蔵の世界』（大蔵出版　1994年）、『道元禅師の人間像』（岩波セミナーブックス　1995年）、『正法眼蔵を読む人のために』（大法輪閣　2000年）、『原文対照現代語訳　正法眼蔵』（現在3巻まで）（春秋社・道元禅師全集　2002年）他。

EYE LOVE EYE
視覚障碍その他の理由で活字のままでこの本を利用出来ない方のために、営利を目的とする場合を除き「録音図書」「点字図書」「拡大写本」等の製作を認めます。その際は著作権者、または、出版社までご連絡ください。

『正法眼蔵　袈裟功徳』を読む

2007年　10月10日　初版発行©

著　者　水野弥穂子
発行人　石原大道
印刷所　三協美術印刷株式会社
製　本　株式会社　若林製本工場
発行所　有限会社　大法輪閣
東京都渋谷区東2－5－36　大泉ビル2F
TEL　(03) 5466-1401（代表）
振替　00130-8-19番

ISBN978-4-8046-1258-4　C0015　Printed in Japan

大法輪閣刊

『正法眼蔵』を読む人のために	水野弥穂子 著	二三〇五円
正法眼蔵講話 渓声山色	澤木興道 提唱	二三一〇円
正法眼蔵講話 弁道話	澤木興道 提唱	二五二〇円
正法眼蔵【すべては仏のいのち】仏性の巻	酒井得元 提唱	二六二五円
CDブック 正法眼蔵 生死 提唱	鈴木格禅 提唱	二九四〇円
『正法眼蔵』講義 現成公案・摩訶般若波羅蜜	竹村牧男 著	二四一五円
宿なし興道法句参 沢木興道老師の言葉を味わう	内山興正 著	一八九〇円
澤木興道老師のことば	櫛谷宗則 編	二二六〇円
眼蔵家の逸話	杉本俊龍 著	二四一五円
『坐禅用心記』に参ずる	東 隆眞 著	二五二〇円
月刊『大法輪』 昭和九年創刊。宗派に片寄らない、やさしい仏教総合雑誌。毎月十日発売。		八四〇円（送料一〇〇円）

定価は5％の税込み、平成19年9月現在。書籍送料は冊数にかかわらず210円。